초등 필수 개념어 참·뜻·말

어랏!
경제가
보이네

천천히읽는책_72

초등 필수 개념어 참·뜻·말 어랏! 경제가 보이네

글 박철만·이지연·정용윤 | 그림 정은주

펴낸날 2024년 10월 15일 초판1쇄
펴낸이 김남호 | 펴낸곳 현북스
출판등록일 2010년 11월 11일 | 제313-2010-333호
주소 07207 서울시 영등포구 양평로 157 투웨니퍼스트밸리 801호
전화 02)3141-7277 | 팩스 02)3141-7278
홈페이지 http://www.hyunbooks.co.kr | 인스타그램 hyunbooks
ISBN 979-11-5741-417-8 73300

편집 전은남 | 책임편집 류성희 | 디자인 디.마인 | 마케팅 송유근 함지숙
ⓒ 박철만 이지연 정용윤 정은주 2024

이 책은 저작권법에 의하여 보호를 받는 저작물이므로 무단 전재 및 복제를 금지하며,
이 책 내용의 전부 또는 일부를 이용하려면 반드시 저작권자와 현북스의 허락을 받아야 합니다.

⚠ 주의 종이에 베이거나 긁히지 않도록 조심하세요. 책 모서리가 날카로우니 던지거나 떨어뜨리지 마세요.

초등 필수 개념어 참·뜻·말

어랏!
경제가
보이네

박철만·이지연·정용윤 글 | 정은주 그림

| 머리말 |

'경제'는 사람들이 살아가는 이야기예요

'경제'라는 말을 들으면 나랑은 상관없는 이야기거나 어른들이 나누는 대화 주제라고 생각한 적이 있나요?

아빠 손을 잡고 미용실에 들러 머리를 자르고, 아이스크림 가게에 앉아 뭘 먹을지 결정하고, 명절 때 받은 용돈을 어디에 쓸지 고민해 본 적이 있나요? 이 모든 활동이 사실은 경제활동입니다. 그중에서 소비활동에 해당하지요. 머리를 자를 때 미용사는 '머리 잘라 주는 서비스'를 생산한 것이고, 여러분은 그 '서비스'를 소비한 것입니다. 아이스크림 회사는 '아이스크림'을 생산했고, 여러분은 돈을 주고 그 아이스크림을 소비하였어요. 이렇게 사람들이 살아가는 데 필요한 물건이나 서비스를 만들어 팔고 사는 행위를 '경제'라고 해요.

경제는 '경세제민(經世濟民)'이라는 사자성어에서 나온 말이에요. '경세(經世)'는 나라를 다스린다는 말이고, '제민(濟民)'은 백성을 편안하게 한다는 뜻이에요. 이처럼 나라 살림을 어떻게 해야 사람들이 행복하고 편안하게 살 수 있는지 아주 오래전부터 고민했어요. '경세제민'을 줄여 일본 사람들이 경제라는 말을 만들었어요. 영어로 경제는 '이코노미(Economy)'인데, '집안 살림을 한다'는 뜻이에요. 경제란 결국 사람들이 살아가는 이야기인 셈이지요.

    살림살이가 어떻게 하면 나아질까요? 살림살이를 결정하는 것은 수입과 지출입니다. 수입이 지출보다 많아야 살림살이가 나아졌다고 할 수 있어요. 미래를 위해 저축하거나 투자하고도 풍족하게 생활할 수 있는 상태를 말해요. 또한 정부가 국민을 위해 복지 정책이나 경제 정책을 어떻게 펼치느냐에 따라서도 살림살이가 달라질 수 있어요.
    가계의 주 수입원은 여러분 부모님이 일하고 받는 월급, 즉 임금입니다. 그 돈을 생활비로 쓸 때 영향을 주는 것은 물가입니다. 먼저 우리의 살림살이에 직접적인 영향을 주는 물가와 임금에 대해서 알아보도록 해요. 경제를 잘 알아야 우리의 살림살이가 나아질 테니까요.

    참, 이 책에는 작은 비밀이 숨겨 있습니다. 각 글의 끝에는 # 표시가 붙은 친구 낱말들이 숨겨져 있어요. 이 책은 순서대로 읽지 않아도 괜찮습니다. 마음에 드는 친구 낱말들을 하나둘 쫓아 가며 읽다 보면 여러분은 그 낱말들을 하나둘 품게 되겠지요.

| 차례 |

 **경제를 알아야 돈이 보인다**

- 물가 12
- 인플레이션 16
- 금리 19
- 은행 24
- 대출 27
- 돈 30
- 경제적 자유 35
- 투자 39
- IMF 외환 위기 46
- 주식 50

 **경제가 이렇게 움직인다고?**

- 가계·기업·시장 56
- 회사와 자영업 60
- 수요와 공급 63
- 합리적 소비 66
- 광고 69
- 자유와 경쟁 72
- 세계화 76
- 자본주의 80
- 사회주의 84
- 기업 민주주의 88
- 사회적 기업 92

3부 노동이 존엄한 거라고?

- 노동 98
- 임금 101
- 노동조합 105
- 파업 109
- 휴가 113
- 비정규직 117
- 시간제 노동 121
- 산업재해 126
- 해고 130
- 학교 속 노동자 134
- 돌봄 노동 137
- 플랫폼 노동 141
- 그림자 노동 144
- 인공지능 147
- 빈부 격차 151
- 세금 154
- 사회복지 158
- 로봇세와 기본소득제 162
- 공공성 165

나만의 차례 만들기

이 책은 꼭 차례대로 읽지 않아도 됩니다. 그냥 여러분이 읽어 보고 싶은 낱말을 골라서 읽으면 됩니다. 아니면 한 이야기를 읽고 마지막 부분에 있는 파란색 친구 낱말 중에 하나를 이어서 읽어도 좋습니다. 자, 이제 여러분만의 차례를 만들어 볼까요?

1.
2.
3.
4.
5.
6.
7.
8.
9.
10.
11.
12.
13.
14.
15.
16.
17.
18.

19. ....
20. ....
21. ....
22. ....
23. ....
24. ....
25. ....
26. ....
27. ....
28. ....
29. ....
30. ....
31. ....

32. ....
33. ....
34. ....
35. ....
36. ....
37. ....
38. ....
39. ....
40. ....

1부

경제를 알아야 돈이 보인다

 # 물가

"**물가**가 올라도 너무 많이 올라서 큰일이네."

학원비 내라는 문자를 보던 엄마의 얼굴이 편치 않아 보여요.

"엄마, 왜요?"

"다음 달부터 학원비가 3만 원이나 오른다는구나."

"엄마, 이번 기회에 학원 끊을까요?"

"3만 원이면 큰 부담은 아니니까 공부나 열심히 하세요."

말씀은 그렇게 하셔도 엄마의 표정은 여전히 어두워 보여요.

물가는 여러 가지 물건이나 서비스의 값을 말해요. 학원비나 물건값 등이 비싸지는 것을 '물가가 오른다'고 하지요. 물가는 왜 오르는 걸까요?

물가가 오르는 이유는 여러 가지가 있어요. 먼저 학원 원장님이 학원을 차리기 위해서는 상가를 빌리고 월세를 내야 해요. 학원을 운영하기 위해 전기세, 수도세, 냉난방비 등도 내야 하지요. 또한 선생님들의 월급도 줘야 하고, 각종 보험료와 세금도 내야 합니다.

학원을 홍보하기 위한 광고 비용도 들겠지요. 이 비용이 올랐기 때문에 학원을 운영하며 손해를 보지 않기 위해서는 학원비를 올려야 하는 것입니다.

갑자기 러시아의 우크라이나 침공 같은 큰 사건이 일어나면, 러시아의 석유나 천연가스, 우크라이나의 밀 공급이 부족해지면서 일시적으로 물가가 오를 수도 있어요.

또 아파트 수는 적은데 아파트를 사려는 사람이 갑자기 많아지면 부동산 가격이 치솟는 것처럼 공급보다 수요가 많아지면서 물가가 오르기도 하지요.

몇 해 전 코로나바이러스가 세계적 유행하면서 많은 공장과 가게가 문을 닫았고, 많은 사람이 직장을 잃었어요. 경제가 위태로워지자 세계의 여러 정부가 새로 돈을 찍어 내서 풀었지요. 그러자 시중에 돈이 많아지게 되고, 돈의 가치가 떨어지면서 물가가 오른 적도 있습니다.

물가는 보통 1년에 2~3% 정도 오르는 게 좋다고 합니다. 갑자기

7~8% 이상 오르게 되면 '인플레이션'이라고 하지요. 하지만 정확히 '몇 %가 오르면 인플레이션이다' 하는 기준은 없어요.

물가가 갑작스럽게 오르면 우리 살림살이가 나아질 수 없습니다. 수입은 그대로인데, 지출은 더욱 커질 수밖에 없으니까요. 어떻게 해야 물가가 너무 많이 오르지 않게 할 수 있을까요?

수요와 공급, 인플레이션

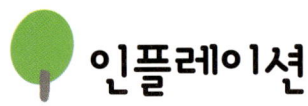 인플레이션

"**인플레이션**이 걱정이네."

학원에서 돌아오니 아빠가 신문을 보며 혼잣말을 하고 계셨어요.

"학원 다녀왔습니다. 엄마! 표정이 왜 그래요?"

"물가가 올라도 너무 올랐어. 너 맛있는 거 해 주려고 장을 봤는데 몇 개 산 것도 없는데 10만 원이 금방 넘어가는구나."

"엄마, 나 아무거나 잘 먹으니까 너무 걱정하지 마세요. 이제 비싼 배달 음식도 조금 줄일게요."

"기름값도 많이 올라서 자동차 몰고 나가기가 무섭구나. 이제 출근할 때 대중교통을 자주 이용해야겠어."

아빠가 여전히 신문을 보면서 무겁게 말씀하셨어요.

시중에 돈이 많이 풀려서 돈의 가치가 떨어지면서 물가가 지속해서 오르는 것을 '인플레이션'이라고 해요. 예전에는 10만 원어치 장을 보면 충분했는데, 인플레이션이 오면 똑같은 10만 원으로 장을 봐도 별로 살 게 없어지는 것이죠.

물가가 갑자기 많이 오르면 먹고, 입는 것을 줄여야 합니다. 왜냐하면 가계의 수입은 정해져 있는데 평소보다 지출이 늘어나면 파산에 대한 두려움이 생기기 때문이지요. '블루마블' 같은 게임에서는 파산하면 게임에서 빠지면 되지만, 현실은 냉혹합니다.

파산의 불안감에서 벗어나기 위해서 지출을 줄이게 됩니다. 학원비나 외식비, 문화생활비와 같은 것을 먼저 줄이게 되지요. '허리띠를 졸라맨다'는 말은 바로 이러한 현상을 두고 하는 말입니다. 사람들이 저축하거나 투자를 하는 이유도 다 이런 불안감에서 벗어나기 위해서인 경우가 많습니다.

월급은 얼마 오르지 않았는데 물가가 상대적으로 많이 오르면 월급이 깎이는 효과가 생깁니다. 그것을 '실질 임금'이라고 하지요. 한 달에 300만 원을 벌고 있는데 그달에 물가가 5% 올랐다면, 실제로 월급은 300만 원×0.95=285만 원을 받는 셈이 되는 겁니다.

인플레이션이 시작되면 실질 임금은 적어지겠죠? 실질 임금이 적어졌다는 것은 나는 가만히 있는데 내 돈의 가치가 떨어졌다는 말입니다. 임금이 적어졌다고 여기는 사람들은 가만히 있을까요? 임금을 올려달라고 파업이 일어날 수도 있어요. 무조건 임금을 올리면 인플레이션 문제가 해결될까요?

물가, 임금, 투자, 돈

 금리

"한국은행 금융통화위원회가 기준 금리를 3.5%에서 3.75%로 인상한다고 발표했습니다."

텔레비전에서 금리가 올랐다는 뉴스가 나오고 있습니다.

"아빠, 금리가 뭐예요?"

"응, 금리는 은행 같은 곳에서 돈을 빌릴 때 이자로 내야 하는 돈의 비율이야. 금리가 3%라고 하면, 돈을 100만 원 빌렸을 때 1년 동안 내는 이자가 3만 원이라는 말이지."

금리는 왜 오르는 걸까요? 은행에서 이자를 좀 적게 받으면서 돈을 빌려주면 문제가 생기는 걸까요?

금리를 올리는 이유는 물가를 잡기 위해서입니다. 돈의 가치를 물건의 가치보다 상대적으로 올려서 물가를 낮추는 거지요. 뉴스에서 말하는 '기준 금리'는 돈을 빌릴 때 몇 %의 이자를 내야 하는지 기준을 정한 것으로, 은행들이 한국은행에서 돈을 빌릴 때 내야 하는 이자를 말합니다.

물가를 낮추는 방법은 물건을 만들 때 드는 비용을 낮추거나, 돈의 가치를 물건값보다 상대적으로 높게 만드는 것입니다.

지난 코로나 팬데믹 기간 동안 코로나 봉쇄로 인해 실업자가 크게 늘었고, 문을 닫은 기업들은 물건을 만들어 팔 수가 없게 되었어요. 코로나 팬데믹 기간에 미국을 비롯한 세계의 많은 정부가 지원금이라는 이름으로 집집마다 돈을 많이 뿌렸고, 금리를 낮췄어요. 기업이 싼 이자로 돈을 빌려서 생산 설비도 늘리고, 노동자도 해고하지 않고 물건을 많이 만들어 팔아서 고용도 유지하고, 기업이 망하지 않도록 노력했어요.

그러다 보니 시중에 '돌아다니는 돈들'이 많아졌어요. 돌아다니는 돈들은 상품이나 서비스에 대한 새로운 수요를 만들어 냅니다. '수요'는 사려는 욕구를 말하고, '공급'은 물건을 만들어 팔려는 욕구를 말해요. 수요가 공급을 초과하다 보니 자동차 가격도 오르고, 집값도 오르고, 학원비도 오르고, 마라탕 가격도 오르고, 가스비, 전기세까지 오르게 된 것입니다.

물가가 오르면 실질 임금이 줄어들고, 실질 임금이 줄어들면 노동자들은 임금을 더 올려 달라고 파업을 하는 일이 일어날 수 있어요. 임금을 올리면 이 또한 물건을 만들 때 드는 비용이 올라가는 꼴이 되어 다시 물가가 상승하는 악순환에 빠지기도 합니다. 기업은 비용을 줄이는 방법으로 직원들을 해고합니다. 아마존, 구글, 마이크로소프트, 메타와 같은 세계적인 회사들도 인플레이션 시기에 직원들을 많이 해고했어요. 물가를 통제하지 못하면 이렇게 우리 집에 불화가 닥칠 수 있답니다.

그렇기 때문에 정부와 중앙은행은 물가와 고용이 안정되도록 노력해야 합니다. 그렇지 않으면 많은 사람이 먹고살기 힘들게 됩니다.

중앙은행인 한국은행이 하는 일은 물가와 고용을 안정적으로 유지하는 것입니다. 과열된 경제 상태를 식히기 위해 **기준 금리**를 올리는 것이지요. 경제가 과열되었다는 것은 물건을 만들어 파는 사람보다 사려는 사람이 많아진 상태를 말해요.

경제는 우리의 삶에 아주 직접적으로 영향을 줍니다. 갑자기 부모님께서 직장을 잃었나요? 어린이날 선물을 못 받았다고요? 외식하는 횟수가 점점 줄어들고 있나요? 여름휴가인데 집에서 보내고 있다고요? 이처럼 경제는 매 순간 우리 삶에 영향을 미치고 있습니다.

물가, 인플레이션, 해고, 수요와 공급, 은행, 돈

 은행

"엄마, 은행까지 와서 뭐 해요?"

"대출 갈아타고 있어."

"은행이 지하철인가? 귀찮게 왜 갈아타요?"

"조금이라도 이자 적게 받는 은행으로 바꿔야 지출을 줄일 수 있지. 그래야 너 먹고 싶은 것도 기분 좋게 사 줄 수 있고."

한국은행이 기준 금리를 정하면 은행에서는 기준 금리에 맞춰서 시장 금리를 정합니다. '시장 금리'는 말 그대로 시장에서 결정되는 금리로, 돈을 맡겼을 때 이자와 돈을 빌려줄 때 이자를 몇 %로 할지 정한 것을 말해요.

은행마다 이자가 다릅니다. 대출상품은 이자가 적은 것으로, 예금상품은 이자가 많은 것으로 선택해야 해요. 이자를 많이 준다고 무조건 선택하면 안 돼요. 이자를 많이 주는 은행의 경우 대출한 돈을 회수하지 못하거나 이자를 제때 받지 못하면 은행이 부실해져서 파산할 수도 있어요. 은행이 파산해도 예금자보호법으로 5,000만 원까지는 돌려주니까 그나마 안심할 수 있겠지요.

'은행은 맑은 날 우산을 빌려주고 비가 오면 걷어 간다'는 말이 있듯이 은행은 사람들을 지켜 주는 곳이 아닙니다. 돈을 빌려주고 못 갚을 거 같으면 당장 자신들이 빌려준 돈을 되돌려받기 위해 어떤 일이든 합니다. 또한 돈을 빌려줄 때 내야 하는 이자가 돈을 맡겼을 때 받는 이자보다 더 많습니다. 그래야 은행이 돈을 벌 수 있는 것입니다. 그런데 금리가 오르면 돈을 빌린 사람이 더 많은 이자를 내야 하기 때문에 고통을 받습니다. 인플레이션이 생기면 같은 음식을 먹어도 비싼 값에 먹어야 하고, 빌린 돈에 대한 이자를 더 많이 내야 하기 때문에 사람들에게 좋은 일이 아닙니다.

월급도 천천히 오르고 물가도 천천히 올라야 사람들이 살기 편안한 세상이 됩니다. 이것을 '골디락스 경제'라고 하지요. 영국 전래 동화의 주인공 소녀 골디락스가 숲속에서 어떤 집에 들어갔는데 뜨거운 죽과 차가운 죽, 그리고 미지근한 죽이 한 그릇씩 놓여 있었고, 골디락스는 미지근한 죽을 먹고 편안하게 잤다는 이야기에서 따온 말입니다.

경제가 과열되거나 침체하는 일 없이 고만고만한 상태가 좋다는 비유로 골디락스의 이야기를 자주 합니다. 경제가 과열되면 물가가 올라서 힘들고, 경제가 침체하면 물가는 떨어지겠지만 기업이 망해서 일자리를 잃는 사람들이 많아지기 때문에 골디락스의 미지근한 죽처럼 안정적으로 경제가 유지되는 일이 무엇보다 중요합니다.

\# 금리, 경제, 임금

 대출

"아빠, 문자 메시지 왔어요. 귀하의 대출 이자가 5.82%로 조정되었기에……, 이게 무슨 말이에요?"

"아이고. 이자가 올라도 너무 많이 올랐네. 우리 이사 올 때 전세 자금 대출받은 건데 1년 동안 이자를 5.82% 내라는 말이야."

"얼마나 빌렸는데요?"

"1억이니까, 이자만 1년에 582만 원이네."

"그렇게나 많아요?"

살다 보면 자동차나 집처럼 돈이 많이 들어가는 물건을 사거나 빌려야 할 때가 옵니다. 자기가 모은 돈으로 살 수 있다면 좋겠지만 현실은 그렇지 않아요.

2022년도 기준으로 서울의 평균 집값은 7억 원 정도였습니다. 한 달에 월급으로 300만 원을 받는다고 치면 돈을 한 푼도 쓰지 않고 19년 5개월 정도 모아야 집을 살 수 있습니다. 그러니 집을 사려면 어쩔 수 없이 돈을 빌려야 합니다. 이처럼 필요한 돈을 은행 같은 곳에서 빌리는 것을 '대출받는다'고 합니다.

은행에서 돈을 대출받을 때는 매달 자기가 갚을 수 있는 수준인지 계산해 보아야 해요. 또한 인플레이션과 같은 상황이 되어 금리가 올라 이자를 더 많이 내야 하는 상황도 대비해야 합니다. 돈을 대출받으려면 내가 매달 얼마를 벌고 얼마를 쓰는지 알아야 합니다. 매달 여윳돈이 어느 정도인지 알아야 돈을 얼마나 대출받을 수 있는지 판단할 수 있습니다.

은행에서 돈을 대출받으면 일반적으로 이자와 빌린 돈의 일부를 조금씩 갚아 나가야 합니다. 이자만 내고 한 번에 원금을 모두 갚는 방식도 있습니다. 자기의 돈의 흐름을 잘 보고 돈을 어떻게 빌려서 어떻게 갚는 것이 좋은지 잘 계산해 보아야 합니다. 자기가 얼마를 벌고 얼마를 쓸 것이지 계획이 없는 사람들은 어려움에 빠질 확률이 높습니다.

더 중요한 것은 정부가 물가를 안정적으로 유지하기 위해 노력하는지 감시해야 합니다. 물가가 통제할 수 없을 정도로 오르기 시작하면 금리를 올릴 수밖에 없기 때문에 '영끌'(생활비를 제외하고 거의 모든 수입을 빚 갚는 데 쓰는 대출 방식)해서 집을 산 사람들은 더 많아진 이자를 내느라 고생하게 됩니다. 물가가 안정적으로 유지될 수 있도록 돌아다니는 돈들을 적절히 조절하는 정책을 펴서 금융이 안정되도록 해야 합니다.

\# 은행, 금리, 돈

 돈

"아빠, 나 급하게 돈이 필요한데, 용돈 좀 당겨 주면 안 되나요?"

"너 말 한마디로 천 냥 빚을 갚는다는 말 알아?"

"응, 알아요. 말 예쁘게 하라는 속담이잖아요."

"그렇지. 그럼 용돈을 받으려면 어떻게 해야 할까? 그나저나 천 냥이 얼만지는 알아?"

"네. 선생님이 경제 시간에 알려주셨어요. 한 냥이면 지금 돈으로 5만 원 정도 된대요. 그러니까 천 냥은 5천만 원쯤 되겠습니다."

"그렇지. 그렇게 말을 예쁘게 해야 얻는 게 있겠지? 아, 그나저나

나도 은행 가서 말 예쁘게 하면 대출받은 돈 없애 주려나?"

"뭐라고요?"

돈이란 무엇일까요? 돈은 우리가 세상을 살아가는 데 없어서는 안 될 중요한 수단입니다. 돈이 있어야 먹고살 수 있으니까요. 돈은 먹고사는 문제뿐만 아니라, 문화생활과 여가생활을 하는 데에도 필요합니다. 친구들과 스마트폰으로 연락하고 어딘가로 이동하기 위해서도 돈이 필요하지요. 기업은 돈이 있어야 원자재를 사 와서 공장에서 물건을 만들어 팔 수 있습니다. 정부도 국민들의 돈인 세금으로 나라 살림을 꾸립니다. 이처럼 돈은 모든 경제활동이 가능하게 하는 수단입니다.

그런데 아주 오래전이긴 하지만 돈이 필요 없던 시절도 있었습니다. 바로 자급자족 경제입니다. '자급자족 경제'는 자기가 필요한 것을 스스로 생산하여 쓰는 것을 말해요. 그런데 소금 같은 것을 당시 모든 사람이 스스로 생산해서 먹었을 리는 없기에 순수한 자급자족 경제는 없었다는 의견도 있어요. 당시 이미 자기가 필요한 것을 다른 사람과 바꿔서 사용하는 '물물교환 경제'가 존재했다고 보

는 것이지요. 한반도 남쪽에서 발견된 흑요석 화살촉의 경우 원래 먼 북쪽의 백두산 근처에서 많이 나는 재료이니, 당시에도 사람들이 물건을 교환하면서 살아왔다는 것을 추측할 수 있어요.

하지만 물물교환은 서로의 욕구가 딱 들어맞아야 교환이 가능한데, 항상 욕구가 서로 들어맞지는 않았기 때문에 교환을 매개할 물건이 존재했을 거라고 봐요. 소금이나 곡물, 모피, 조개껍데기와 같은 것입니다. 이것을 최초의 돈(화폐)이라고 볼 수 있어요. 하지만 쌀과 옷감은 조선시대에 이르기까지도 화폐로 통용되었습니다. 쌀과 옷감으로 세금을 내고, 부자들이 옷감을 쌓아 두고 살았다는 기록이 있으니까요. 기원전 4세기경 메소포타미아 지방에서 이미 은으로 된 금속 화폐가 등장합니다. 역사적으로 보면 금속 화폐와 종이 화폐가 등장했다가 사라지기를 반복했어요.

돈을 버는 방법은 여러 가지가 있어요. 먼저 월급처럼 노동을 제공한 대가로 받는 '노동 소득'과 가게나 회사를 직접 운영하여 얻는 '사업 소득'이 있어요. 돈을 저축해서 이자를 받거나 땅이나 집을 사서 빌려주고 돈을 받는 '재산 소득'도 있지요. 이때 땅이나 집값이 오르면 돈을 더 벌겠지요? 주식을 사서 배당을 받는 '배당 소득'도 있어요. 정부로부터 퇴직, 질병, 사고, 노령 등으로 인하여 경제적 도움이 필요한 경우 받는 '이전 소득'도 있어요. 기초노령연금이나 국민연금 같은 것이 여기에 해당하지요.

요즘 학생들이 받고 싶어 하는 선물 1위가 뭔 줄 알아요? 바로 돈입니다. 여러분은 얼마쯤의 돈을 갖고 싶나요? 아마 사람마다 다를 겁니다. 다음의 '경제적 자유'를 읽어 본다면 여러분이 돈을 얼마 정도 갖고 싶은지 알게 될 거예요.

\# 은행, 경제적 자유, 투자

경제적 자유

"엄마도 빨리 경제적 자유를 얻고 싶구나."

"그게 무슨 소리예요?"

"돈 걱정 하지 않고 먹고사는 걱정 안 하고 살고 싶다는 얘기지."

"아이고, 엄마도 참. 그나저나 엄마, 이 사진 자료 좀 보세요. 이게 인류 최초의 기록이래요!"

"사랑 고백하는 편지라도 된다니?"

"아니. 곡식을 얼마나 빌려줬는지 기록한 거래요."

"그래? 옛날 사람들도 먹고사는 일이 가장 중요했구나."

쐐기문자가 새겨진 점토판 말랑말랑한 점토에 갈대 줄기를 찍어 쐐기 모양으로 그림과 숫자를 기록한 거예요. (사진·위키피디아)

인류 최초의 기록은 메소포타미아 지방(현재 이라크)에서 발견되었어요. 말랑말랑한 점토에 갈대 줄기를 찍어 쐐기 모양으로 그림과 숫자로 기록하였지요. 당시 사람들이 곡식을 얼마 빌려줬는지, 양을 몇 마리 빌려줬는지 따위를 적었다고 해요. 곡식을 빌려주고 좀 더 많은 곡식으로 돌려받았을 거라는 것은 누구나 짐작할 수 있을 거 같아요. 인류 최초의 기록이 먹고사는 문제와 연결되어 있었다고 봐도 되겠죠? 이처럼 아주 오래전부터 먹고사는 문제인 경제는 무척 중요했습니다.

경제적 자유라는 말이 있어요. 우리가 가진 돈을 잘 관리하고, 원하는 것을 할 수 있는 자유를 말해요. 사람들은 돈이 얼마쯤 있으면 적당하다고 여길까요? 돈은 많으면 많을수록 좋을까요? 인간의 욕심은 끝이 없기에 100억 부자는 1,000억 부자를 부러워할 거예요. 그러니까 돈이 얼마나 있어야 하는지는 사람들의 욕심에 따라 다르다고 봐야 해요.

'파이어족(Fire; Financial independence retire early)'이라는 말도 있는데, 이는 어떤 직장이나 일을 그만두고 자기가 모아 놓은 돈으로 자기가 하고 싶은 일을 하면서 사는 사람을 말해요.

미국 트리니티 대학교에서 연구한 결과에 따르면, 혼자 사는 사람이 1년 동안 4,500만 원을 쓴다고 가정하면 25배에 해당하는 금액인 약 11억 원만 있으면 어딘가에 투자하고 매년 4%에 해당하는 금액만 뽑아서 쓰면 된다고 해요. 자기가 한 달에 적은 돈으로 검소하고 행복하게 살 수 있다면 몇억으로도 힘들게 일하지 않고 자기가 하고 싶은 일을 하면서 살 수 있다는 말이에요. 그러니 경제적 자유를 얻기 위해 무조건 돈이 많이 필요한 것은 아니라는 얘기예요.

《월든》이라는 책으로 잘 알려진 미국의 사상가 헨리 데이비드 소로는 '월든' 숲속에 들어가서 1년에 6주 동안만 일하고도 자기가 하고 싶은 일을 하면서 굶지 않고 살 수 있다는 것을 증명해 보였어요. 돈으로부터 자유롭게 사는 방법은 다양하다는 것을 알 수 있어요. 삶의 태도에 따라 달라질 수 있다는 것도 알 수 있고요. 하지만 돈 없이 산다는 것은 불가능하다는 점은 같다고 할 수 있습니다.

돈, 은행, 대출, 투자

 투자

"엄마 지금 노는 게 아니라 일하는 건데? 투자하는 거야."

퇴근하자마자 스마트폰만 들여다보는 엄마에게 혹시 스마트폰 중독 아니냐고 묻자 엄마가 일하는 중이래요.

"왜 퇴근하고도 일을 해요?"

"월급 받아서 장 보고 이자 내고 네 용돈 주고 학원비 내면 남는 게 없어. 내 노후는 누가 책임지니?"

"정부가 책임져야 하는 거 아니에요? 헌법에 국가는 국민의 인간다운 삶을 보장해야 한다고 나와 있잖아요."

"오, 헌법. 듣고 보니 네 말이 맞네. 하하하."

스마트폰을 들여다보던 엄마가 나를 보며 웃었어요.

'황금을 보기를 돌같이 하라'는 최영 장군의 말이 있어요. 부자가 되거나 권력을 가지려고 돈에 얽매이지 말고, 양심에 따라 소신껏

살라는 말인 거 같아요. 하지만 엄청 큰 부자가 되거나, 다른 사람들을 업신여기기 위해 돈이 필요한 건 아니에요. 석기시대에 살아남기 위해 돌도끼가 필요했던 것처럼 지금의 **자본주의** 사회에서 살아남기 위해서는 돈이 필요하다는 것을 인정해야 해요. 집을 사거나 자동차를 사기 위해 돈을 빌려야 하는 경우도 있고, 나이 들어 더 이상 노동을 할 수 없는 경우에 매달 쓸 생활비를 마련해 놓아야 살 수 있어요.

물론 나라마다 국민연금제도가 있어서 퇴직 후에 매달 약간의 생활비를 줘요. '기초노인연금'이라고 하여 월 소득이 200여만 원을 넘지 않는 경우 만 65세 이상의 사람들에게 월 32만3,180원을 주고, 부부의 경우 51만7,080원을 줍니다. 또한 의료보험 제도가 잘 되어 있어 병원비가 많이 들지 않지만, 큰 병에 걸려 병원에 입원하면 매달 들어가는 병원비가 생활비를 넘는 경우가 많아요. 그렇기 때문에 어느 정도의 돈을 모아 두는 것이 꼭 필요하답니다.

'종잣돈'이라는 말을 들어봤을 거예요. '시드머니(seed money)'라고도 하는데, 사업을 할 때 밑천이 되는 돈을 말해요. 기업의 경우

공장 건물을 짓거나 새로운 기술을 개발하기 위해 돈을 쓰는 것을 투자라고 해요. 개인의 경우 씨앗을 심듯 돈을 어떤 사업에 대 주고 이자나 이익금을 받거나, 주식을 사서 미래에 이익을 얻는 것을 투자라고 말해요. 은행에 적금을 들어서 연 3%의 이자를 받아 종잣돈을 불리는 것도 투자이고, 기업의 주식을 사서 배당금(기업이 영업 활동을 통해 발생한 이익의 일정 부분을 주주들에게 나눠 주는 것)을 받거나, 주식 가격이 올랐을 때 팔아서 돈을 벌 수도 있어요. 아파트나 건물, 땅을 사서 시간이 지남에 따라 가치가 올라갈 것을 예상하여 투자할 수도 있어요. 암호화폐를 싸게 사서 비싸게 팔아 돈을 벌 수도 있지요.

어떤 자산에 투자하는 것은 굉장한 위험(리스크)에 노출되는 거예요. 원금을 잃을 수도 있고 몽땅 날릴 수도 있기 때문에 공부를 많이 하고 투자해야 합니다.

은행에 돈을 맡겼을 때 정부가 보호해 주는 돈은 5,000만 원까지입니다. 은행이 망했을 경우(뱅크런: 예금을 한꺼번에 모두 찾아가는 일) 내가 맡긴 돈을 잃을 수도 있어요.

기업이 파산하거나 기업이 자금 상황을 거짓으로 알리거나 중대한 문제가 생겨 주식 거래소에서 거래를 중단하는 상장폐지를 당할 경우 주식이 휴지 조각이 될 수도 있어요.

  부동산 가격이 오르고 있어서 집을 샀는데 금리가 오르고 다음 해에 집값이 떨어져서 대출금을 갚느라 어려움을 겪을 수도 있답니다. 그렇다고 현금만 들고 있는 것은 어리석은 일인 거 알지요? 물가는 계속해서 오르기 때문에 현금은 시간이 지날수록 가치가 떨어지게 됩니다.

주식, 돈

> 챗GPT에게 물어봤어요

'암호화폐'가 뭐야?

암호화폐는 디지털 형태의 돈이야. 우리가 평소에 사용하는 현금과는 좀 다른 거야. 암호화폐는 인터넷을 통해 거래되고 저장되는 가상의 돈이라고 생각하면 돼.

암호화폐는 컴퓨터 기술과 암호화 방법을 사용해서 안전하게 만들어진 거래 수단이야. 예를 들어, 비트코인이라는 암호화폐는 사람들 간에 직접 거래할 수 있고, 중앙은행이나 정부와는 독립적으로 동작해. 암호화폐를 소유하려면 디지털 지갑이 필요해. 이 지갑은 암호화폐를 보관하고 거래할 수 있는 공간이야. 우리가 현금을 지갑에 넣는 것처럼 암호화폐도 지갑에 보관해야 해.

또한 암호화폐는 가치가 변동적이야. 가끔 가격이 상승하거나 하락하

암호화폐 비트코인 암호화폐는 디지털 형태의 돈으로, 인터넷을 통해 거래되고 저장되는 가상의 돈이에요. (사진·위키피디아)

기도 해. 이 가격 변동은 수요와 공급, 시장 상황 등에 따라 결정되는데, 그래서 투자나 거래를 할 때 주의해야 해.

암호화폐는 디지털 시대에 새로운 형태의 돈으로 등장한 것이야. 하지만 중요한 건 항상 안전을 유지하고 신중하게 다루는 것이야. 따라서 암호화폐에 대해 더 배우고, 어른들과 함께 안전하게 사용하는 방법을 익히는 것이 중요해.

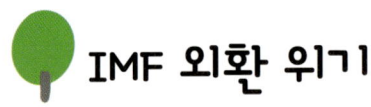# IMF 외환 위기

"캠핑장 예약 어플을 개발하고 있는데, 적자가 누적되어서 회사가 부도 직전이야."

요즘 새로 시작한 사업이 잘되고 있냐고 물었더니, 삼촌이 어두운 표정으로 대답했어요.

"부도가 뭔데요?"

"우리 회사를 운영하려고 빌린 돈을 갚지 못해서 우리 회사를 팔거나 없애야 하는 상황이야."

"어머, 최악의 상황이네요. 삼촌, 괜찮아요?"

"괜찮아. 예전에 국가 부도도 겪어 봤는데. 뭐 이것쯤이야."

"국가 부도? 나라도 망할 수 있어요?"

"물론이지. 1997년 IMF 외환 위기 때 우리나라가 망할 뻔했지."

삼촌은 1997년 IMF 외환 위기 때 우리나라가 IMF(국제통화기금)로부터 195억 달러를 빌려 국가 부도를 막은 이야기를 해 주었어요.

당시에 한보그룹, 삼미그룹, 기아그룹 등 대기업과 중견기업들에게 생산과 투자를 통해 이익을 내지 못할 수도 있음에도 많은 은행들이 엄청 큰돈을 빌려주었대요. 그런데 한보그룹 같은 경우 당진에 제철소를 짓겠다고 19조 원을 빌렸는데 제철소 완성도 못 하고 13조를 다 써버렸대요. 그러고는 은행에 돈을 못 갚겠다고 한 거예요. 알고 보니 돈을 빼돌리거나 은행장이나 정치인에게 뇌물로 썼다고 밝혀지면서 한보그룹 정태수 회장은 징역 15년 형을 받고 감옥에 가게 되었어요. 결국 한보그룹은 부도가 났대요.

이 사건은 우리나라 IMF 외환 위기의 시발점이 되었어요. 한국에 투자한 외국인들이 한국에서 달러를 빼 가기 시작했거든요. 불안한 한국 시장에 더 이상 투자하고 싶지 않았던 거예요.

대부분의 나라는 금이나 미국 달러 같은 외환(외국 돈)을 비상금으로 보관합니다. 2023년 기준으로 4,200억 달러 정도인데, 1997년 IMF 외환 위기 당시 우리나라 외환 보유액은 40억 달러도 되지 않았어요. 그런데 외국에 갚아야 할 돈이 1,500억 달러나 되어서 돈을 갚지 못하는 상황이 된 거예요. 그걸 '디폴트(Default)'라고 해요. 국가 부도 상황이 된 거예요.

결국 우리나라는 IMF로부터 195억 달러를 빌리면서 국가 부도는 가까스로 면했지만, IMF는 우리나라에 구조조정을 요구했어요. 부실한 은행이나 기업은 외국에 팔아버리거나 합병시키라고 했고, 정부에서 운영하는 공기업인 포스코, 한국전력, 한국통신 등을 민간에 팔아 버렸어요. 노동 부문에서 정리해고가 도입되어 200만 명의 실직자가 생겨나고, 비정규직이 생겨났어요. 그야말로 '경제 재난'이 발생한 거예요.

잘못은 정부와 일부 기업이 했지만, 고통은 고스란히 국민이 감당해야 했어요. 하지만 국민은 IMF 외환 위기를 극복하고자 힘을 보태기 시작했어요. 바로 '금 모으기 운동'입니다. 350만 명이나 되는 국민이 참여하여 21억 달러 정도의 금을 모았어요. IMF 외환 위기를 극복할 수 있는 액수는 아니었지만, 나라가 어려울 때 함께 살고자 하는 공동체 정신은 본받을 만한 일입니다.

IMF 외환 위기와 같은 일이 또 일어나지 않도록 정부가 금융과 기업을 관리하고 감독할 책임이 얼마나 중요한지 알게 되었어요. IMF 외환 위기 같은 사건은 우리의 살림살이에 직접 영향을 주기 때문에 더욱 그렇습니다.

은행, 돈, 투자, 대출, 자본주의

 주식

"고모, 솔이랑 수다 떨다가 자기 재산이 얼마 있는지 얘기했는데, 자기는 ○○전자 주식 160만 원어치 가지고 있대요."

"어머, 그래? 요즘 ○○전자 주식이 오르고 있어서 기분 좋겠다."

"아니에요. 울상이던데요. 원래 200만 원어치 샀는데 100만 원까지 떨어졌다가 지금 조금 오르고 있는 거래요."

"그래도 배당금을 1년 동안 2.27%를 받아. 은행 이자 3%보다는 작긴 하지만."

"그러면 뭐 하러 주식을 사요? 은행에 넣어 놓으면 매년 3%의 이자를 주는데요? 게다가 주가가 떨어져서 반토막 나기도 하는데요?"

벼리는 사람들이 왜 주식을 사는지 궁금해졌어요.

주식은 기업이 사업을 하는 과정에서 필요한 돈을 모으기 위해 발행하는 '약속 종이'에요. 주식을 산다는 것은 그 기업에 돈을 빌려주는 것이라고 생각하면 됩니다. 대신 자기가 산 주식만큼 그 기업을 소유하고 있는 거예요. 기업은 주식을 발행하여 모은 돈으로 공장을 짓거나 사람을 뽑아서 사업을 하게 됩니다. 주식을 산 사람은 그 기업으로부터 보통 1년에 한 차례 기업이 영업 활동을 통해 벌어들인 이익의 일정 부분을 배당금으로 받게 돼요. 회사에 투자해 준 대가를 주는 거지요.

또한 주식 시장에서 그 주식을 사고팔 수 있어요. 회사가 돈을 많이 벌거나 미래에 돈을 많이 벌 수 있을 것이라는 기대감에 주식의 가격이 오르면 팔아서 돈을 벌 수 있어요. 주식의 가격을 주가라고 하는데, 주가는 주식 시장에서 사려는 사람과 팔려는 사람 사이에서 자연스럽게 형성됩니다. 어떤 회사가 미래에 돈을 많이 벌

것이라는 기대감에 사려는 사람이 몰리면 주식의 가격이 회사의 가치보다 더 많이 오르는 경우가 있어요. 그러다가 안 좋은 뉴스에 가격이 마구 떨어지는 경우도 있지요. 경제 상황에 따라 변하기도 해요.

이처럼 주식의 가격은 누구도 예측할 수 없어서 '위험'합니다. 그래서 주식은 위험 자산이라고도 해요. 그래서 주식을 살 때는 신중해야 해요. 물건을 살 때처럼 주식을 살 때도 그 회사에 대해 잘 알아야 합니다. 그 회사를 경영하는 사람이 어떤 사람인지, 재무 상태는 어떤지, 제품이나 서비스가 어떤지, 앞으로 경쟁력이 있을 것인지 따져 볼 게 아주 많아요. 또한 주식 시장에 참여하는 사람들이 주식을 사지 않고 팔려고 하면 '하락장'을 맞이할 수도 있어요. 여윳돈으로 주식을 사지 않게 되면 이런 상황에서 급하게 돈 쓸 곳이 생기면 주식을 싼 가격에 팔아야 하기 때문에 손해를 보게 돼요.

미국 사람들은 평균적으로 자기 재산의 50% 이상을 주식이나 채권, 펀드로 갖고 있다고 해요. 채권은 정부나 회사가 돈을 빌리기 위해 발행하는 '약속 종이'이고, 펀드는 여러 사람한테 돈을 받아 대신 투자하고 돈을 '불려 주는' 상품을 말합니다. 채권은 금리에 따라 제일 많이 가격이 움직이기 때문에 위험이 있고, 펀드는 대신 투자하는 회사가 투자에 실패하면 원금이 손실될 위험이 있어요. 그에 비해 우리나라는 주식보다는 예금이나 부동산으로 자산을 구성하는 경우가 많아요.

여러분은 어느 기업의 주식을 사고 싶나요?

돈, 투자, 수요와 공급, 자본주의

2부

경제가 이렇게 움직인다고?

가계.기업.시장

"아빠, 아빠 회사에서 자동차 만들면 아빠가 갖는 거예요?"

"하하하. 아빠와 여러 사람이 자동차를 만들면, 기업은 자동차를 팔아서 이윤을 남기고, 그중 일부를 노동자에게 월급으로 주는 것이란다."

"그럼 노동자와 기업은 노동과 월급을 바꾸고, 기업과 소비자는 자동차와 돈을 바꾸는 것이네요?"

"오. 맞아. 또 그렇게 바꾸는 곳을 시장이라고 한단다."

이렇게 기업에서 일을 하고, 월급을 받아 소비하며 살아가는 경제 주체를 '가계'라고 합니다. 또 자동차 회사, 신발 회사, 영화관, 음식점 등 가계의 노동과 소비로 살아가는 경제 주체를 '기업'이라고 해요.

가계는 기업에서 노동을 하고 소득(임금)을 얻습니다. 그 소득으로 기업에서 생산한 물건이나 서비스를 소비해요. 신발 등의 물건을 사거나 영화 같은 서비스를 이용하고 값을 치르는 활동을 하지요. 다시 말해 가계는 기업에 노동을 제공하고 얻은 소득으로 물건과 서비스를 소비하여 기업이 이윤을 얻도록 합니다.

기업은 물건과 서비스를 생산하고 판매하여 이윤을 얻어요. 자동차 회사 같은 기업을 만들어 가계의 노동으로 자동차를 생산합니다. 또 신발을 만들어 팔거나 영화 같은 즐거움을 제공하는 곳도 기업이라고 할 수 있어요. 정리하면 기업은 가계의 노동을 이용하여 물건이나 서비스를 생산하고 팔아서 이윤을 얻는 활동을 합니다.

시장은 무엇인가 사고파는 거래가 이뤄지는 곳을 말합니다. 사람

들은 아주 옛날부터 시장에서 물건을 사고팔면서 교환했어요. 그때부터 쭉 이어진 시장 모습을 '전통 시장'이라고 부릅니다. 또 현대에 와서는 마트나 슈퍼마켓이라고 불리는 시장도 있어요.

그런데 시장을 꼭 눈에 보이는 장소만을 이야기하지는 않습니다. 주식을 거래하면 장소가 어디든 '주식 시장'이라고 할 수 있어요. 그렇다면 외국 돈을 서로 교환하는 시장은 '외환 시장', 노동력을 주고 임금을 받으면 '노동 시장'이라고 할 수도 있습니다.

또 거래하는 품목별로 "요즘 신발 시장에 새로운 제품이 쏟아져 나오고 있습니다"라든지 "코로나로 인해 영화 시장이 위축되고 있습니다"라는 말로 사용하기도 해요.

이렇게 가계와 기업은 시장을 통해 서로에게 필요한 것을 주고받는 경제활동을 하며 살아가고 있습니다.

회사와 자영업, 자본주의, 노동, 임금

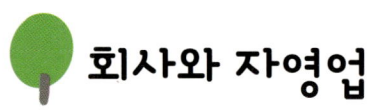 **회사와 자영업**

"삼촌, 캠핑장 어플 회사를 만드셨다면서요? 정말 대단해요."

"응, 작은 회사지만 곧 큰 회사가 될 거니까 기대하라고."

"삼촌도 아이스크림 가게 사장님처럼 사장님이에요?"

"맞아, 사장이야. 삼촌은 여러 사람의 투자를 받은 회사 사장이고, 네가 자주 가는 아이스크림 가게는 자영업 사장이라고 한단다."

"회사와 자영업이 다른가 보네요. 어떤 차이가 있나요?"

생산 활동을 통해 이윤을 추구하는 기업을 회사라고 해요. 우리나라에서 회사를 세울 때는 대부분 법인을 설립하고 주식회사 방식으로 세웁니다. '법인(法人)'이란 사람은 아닌데 사람처럼 정해진 권리와 책임을 갖는 법(法)적인 서류상 사람(人)을 말해요.

예를 들어 벼리 외삼촌이 캠핑장 예약 어플 회사를 세울 때 먼저 법인을 설립해야 해요. '주식회사 꼬꼬무캠'이라는 가상의 인물(사실은 회사)이 법적인 서류에 새로 태어난다고 생각하면 됩니다. 외삼촌이 사장이지만 이윤이 생기면 외삼촌이 갖는 것이 아니라 법인인 '주식회사 꼬꼬무캠'이 소득을 올리게 되는 거예요. 당연히 세금 역시 '주식회사 꼬꼬무캠'이 내고, 은행에서 대출받을 때도 '주식회사 꼬꼬무캠' 이름으로 하게 됩니다. 물론 회사가 망해도 '주식회사 꼬꼬무캠'이 망하게 되며, 외삼촌과 주주들은 투자한 금액만큼만 책임을 지게 되지요. 이런 사업자를 '법인 사업자'라고 하며, 흔히 회사라고 부릅니다.

이에 비해 자영업은 '개인 사업자'라고 부릅니다. 자영업은 우리가 거리에서 흔히 볼 수 있는 가게나 상점 등을 말해요. 음식점, 편의점, 꽃집, 빵집, 카페, 옷 가게, 화장품 가게를 비롯하여 개인 병원, 개인택시, 운동선수, 연예인 등도 모두 자영업이라고 할 수 있어요.

자영업은 대개 법인을 세우지 않고 창업자가 곧 회사입니다. 주식도 발행하지 않기 때문에 소득도 개인이 올리는 것이고, 세금도 개인이 내며, 대출 역시 개인이 받게 되지요. 따라서 영업해서 발생한 이윤은 모두 개인이 갖게 되며, 개인이 알아서 처리하게 됩니다. 당연히 책임도 모두 창업자가 지게 되지요.

요약하면 회사는 법인을 세우고 투자를 받아 정해진 이윤과 책임을 갖는 사업체이고, 자영업은 개인이 모든 이윤과 책임을 다 갖는 사업체입니다.

\# 가계·기업·시장, 주식, 투자

# 수요와 공급

"우와, 채소값이 왜 이렇게 비싸졌어요?"

벼리와 엄마는 시장에 갔어요. 채소 가격을 보더니 벼리 엄마가 깜짝 놀랐습니다. 채소 가게 사장님이 걱정스러운 표정으로 이야기해 주셨어요.

"이번 달에 홍수가 나서 채소들이 물에 잠겨서 그래요."

벼리는 궁금해졌습니다.

"엄마, 홍수가 났는데 채소 가격이 왜 오르나요?"

"공급보다 수요가 더 늘어나서 그런 거야. 채소들이 홍수에 쓸려

가면, 채소를 파는 사람보다 채소를 원하는 사람이 더 많아지겠지? 그러면 가격을 올려도 잘 팔리게 되니 가격을 올려서 판다. 그러다가 수해를 복구하고 채소 생산이 정상이 되면 다시 가격은 돌아올 거야."

사람들이 채소가 건강에 좋다고 채소를 많이 먹으려고 합니다. 이럴 때 채소의 '수요'가 늘었다고 해요. 이러면 채소 농가에서는 채소가 잘 팔리기 때문에 채소를 더 많이 키워 사람들에게 팝니다. 이것을 채소의 '공급'이 늘었다고 하지요. 이처럼 수요와 공급은 상호작용하여 가격을 결정합니다.

먼저 수요가 늘면 너도나도 사겠다는 사람이 많기 때문에 채소의 가격을 높여도 잘 팔립니다. 반대로 수요가 줄어 사겠다는 사람이 적어지면 가격을 낮추어야 팔리게 되지요.

이번에는 공급을 중심으로 볼까요. 사람들은 채소가 필요한데 공급이 적다면 가격이 오릅니다. 반대로 채소를 필요로 하는 사람은 적은데 공급이 많아지면 가격이 떨어지게 되지요.

따라서 홍수로 인해 채소의 공급이 줄었는데 채소를 원하는 사람이 많다면 채소의 가격은 오르게 됩니다. 결국 수요가 늘거나 공급이 줄면 가격이 오르게 되고, 수요가 줄거나 공급이 늘면 가격이 내려가게 되지요.

이것은 채소 말고 기업에서 생산하는 물건이나 서비스에도 적용이 됩니다. 이렇게 수요, 공급에 의해 결정되는 가격을 '시장가격'이라고 부릅니다. 다만 가격 변화가 크면 국민의 생활에 영향이 심한 품목(쌀, 석유 등)은 국가가 가격을 관리합니다.

물가, 인플레이션, 합리적 소비

합리적 소비

"아빠, 저 ○○패드 하나 사 주시면 안 돼요?"

"○○패드는 왜?"

"○○패드로 발표 숙제 검색도 하고, 쉴 때 영상도 보려고요."

"컴퓨터로 하면 되잖아."

"컴퓨터로 하면 소파에 누워서 볼 수가 없잖아요."

"어이구, 이유가 그거 하나야? 네가 좀 더 합리적 소비를 할 수 있으면 좋겠구나."

 벼리는 요즘 갖고 싶은 물건이 참 많아졌어요. 어떤 날은 자기가 좋아하는 걸그룹 굿즈가 갖고 싶어졌다가, 어떤 날은 블루투스 이어폰이 갖고 싶어졌다가, 또 어떤 날은 ○○패드가 갖고 싶어집니다. 그럴 때마다 아빠한테 졸라대지만, 아빠는 꿈쩍도 하지 않아요. 아빠의 잔소리를 들어 보면 벼리가 바라는 물건은 딱히 필요한 것이 아니거나 대체할 수 있는 물건이 꼭 있습니다. 블루투스 이어폰 대신 유선 이어폰을 쓰면 되니까요.

갖고 싶다고 모든 물건을 사게 되면 빈털터리가 되거나 은행에 많은 빚을 지게 되어 파산할 수도 있어요. 그래서 합리적 소비를 하는 생활 습관이 필요합니다. '합리적 소비'란 내가 갖고 있는 돈을 최대한 아끼면서 최대의 행복이나 즐거움을 누리는 것을 말해요.

'아나바다(아껴 쓰고, 나눠 쓰고, 바꿔 쓰고, 다시 쓰고)'나 당근마켓 같은 곳에서 남이 쓰던 물건을 새 제품보다 싼 가격에 구매하여 쓰는 것도 합리적 소비라고 할 수 있어요.

그런데 왜 벼리는 계속해서 새로운 물건이 갖고 싶어지는 걸까요?

돈, 대출, 광고

 광고

'후룩후룩, 오○○ ○라면!'

"으아! 이 소리는 못 참지! 아빠 저 라면 먹고 싶어요."

"안 돼, 곧 자야 하는데 참아."

"오늘 딱 한 번만요. 다음부터는 밤에 안 먹을게요."

벼리와 아빠는 TV를 보다가 라면을 끓였어요. 분명히 저녁밥을 먹었는데 라면 광고를 보는 순간 입에 침이 고이면서 도저히 참을 수가 없었거든요. 참 이상한 일이죠. 광고를 보기 전에는 라면 생각을 전혀 하지 않았거든요.

광고는 상품을 널리 알려서 최대한 많이 팔기 위해 만들어져요. 그래서 광고는 사람들의 관심을 끌기 위해 많은 노력을 합니다. 상품의 좋은 면을 강조하고 사람들의 기억에 오랫동안 남을 방법을 사용해요. 유명인을 모델로 내세우기도 하고, 감동을 주거나, 재미있거나, 독특한 광고 등 다양한 내용의 광고를 만들어요.

광고를 통해 물건의 정보를 알 수 있지만, 별로 필요하지 않은 물건을 꼭 필요한 것처럼 느낄 수도 있어요. 튼튼한 운동선수가 건강식품을 먹는 모습, 새로운 기능이 더해진 세탁기 앞에서 온 가족이 밝게 웃는 모습을 보면서 그 물건이 있으면 더 건강해지고 행복해질 것이라는 마음이 은근히 생기기도 해요. 그래서 우리는 광고를 볼 때 생각하고 질문해야 합니다.
'광고의 내용은 다 진짜일까?', '나에게 정말 필요한 물건일까?' 하고 말이죠.

한 연구에 따르면 어른 한 명당 평균적으로 하루에 약 200개의 광고를 보게 된다고 해요. 이 중에서 TV 광고나 인쇄물, 인터넷 광고 등과 달리 광고인 것을 눈치채지 못하고 보는 것도 많아요. 드라마나 영화에서 특정 물건을 사용하는 장면을 자연스럽게 보여 준다거나, 유튜브와 같은 채널에서 광고인 것을 말하지 않고 물건을 소개하기도 해요. 어린이들이 많이 보는 유튜브의 경우 키즈카페에서 촬영을 많이 하는데 그 자체가 광고인 경우도 있지요. 또 SNS(누리소통망) 등에서 광고임을 밝히지 않고 물건의 좋은 점을 알리는 글도 많아요. 광고인 줄 모르고 다른 사람이 사용하는 걸 보고 따라 사는 일이 많다고 하니 물건 앞에서 우리의 질문을 멈출 수가 없겠네요.

\# 합리적 소비, 자유와 경쟁

# 자유와 경쟁

"엄마, 집 앞에 빵집이 또 생겼어요."

"와우, 개업 기념으로 할인 행사까지 하는구나."

"옆 빵집은 긴장 좀 되겠는데요?"

"빵집을 새로 여는 것은 자유지만, 원래 있던 빵집과 경쟁이 치열해지겠네."

엄마가 원래 있던 단골 빵집을 생각해서인지 걱정스러운 표정을 지었어요.

자유와 경쟁은 자본주의의 중요한 원리입니다. 특히 국가나 정부 같은 누구의 간섭도 받지 않고 자유로운 시장에서 생산하고 소비할 수 있다는 것이 자유이지요.

A씨는 빵집을 자유롭게 열었습니다. 누구도 A씨가 가게를 빌려 빵집을 여는 데 간섭할 수 없어요. 그리고 빵집을 운영하여 번 돈으로 옷을 샀습니다. 이것 역시 누구에게도 간섭받지 않고 소비할 수 있는 기회와 권리이지요. 이것이 경제학에서 이야기하는 자유입니다. 자본주의 사회에서는 너무 당연해서 하나 마나 한 이야기 같습니다.

이러다 보면 B씨가 바로 옆집에 새로운 빵집을 낼 수도 있습니다. 자유롭기 때문이지요. 그렇게 되면 A 빵집과 B 빵집은 경쟁을 피할 수 없습니다. 가격을 낮추든, 품질을 올리든, 새로운 메뉴를 개발하여 옆집 빵집을 앞서거나 차별화된 빵집이 되어야 합니다. 소비자 입장에서는 생산자 사이의 경쟁으로 선택의 폭이 넓어졌습니다.

기업이나 생산자만 경쟁하는 것은 아닙니다. 노동자나 소비자들도 경쟁하게 됩니다.

　C씨와 D씨는 직장을 구하고 있어요. C씨와 D씨 모두 임금을 많이 주거나 근무시간이 적은 곳을 가려 하기 때문에 서로 경쟁하게 됩니다. 기업 입장에서는 노동자들이 경쟁을 하니 능력 있는 사람을 고를 수 있고, 근무시간을 늘리거나 임금을 낮추기에 편리해지지요.

　이렇게 자유는 모두에게 똑같이 주어지기 때문에 경쟁이 발생할 수밖에 없습니다.

　경쟁은 반드시 공정해야 합니다. 조건이 평등해야만 합니다. 레슬링으로 예로 들어 볼까요. 체급이 같아야 공정한 경쟁입니다. 몸무게가 100kg인 선수와 50kg인 선수가 자유롭게 경쟁하는 것은 이상합니다. 이런 자유를 '닭장 속 늑대의 자유'라고 하며, 국가가 이것을 방지하도록 노력을 기울여야 합니다.

　그러나 현실은 그렇지 않습니다. 대형마트와 슈퍼슈퍼마켓(SSM: 기업형 슈퍼마켓) 같은 형식으로 대기업들이 마을의 작은 규모의 가게들과 슈퍼마켓의 시장을 차지하고 있어요. 요즘 대형 프랜차이즈들이 마을의 작은 음식점 시장을 빼앗아 가는 일은 무척 흔하디흔한 일이 되었습니다. 정부에서도 어느 정도 규제하고 있지만, 여전히 힘없는 닭들은 '자유'로운 늑대에게 시장을 빼앗기고 있는 것이 현실이에요. 특히 친기업적 성향의 대통령 시절에는 아예 대놓고 동네 상권을 대기업에 넘겨주는 정부도 있었습니다.

\# 자본주의, 세계화

세계화

"고모, 요즘에는 어느 나라가 가장 인기가 높아요?"

벼리의 고모는 여행사에서 일해요. 벼리는 학교에서 세계 여러 나라에 대해 배우다가 궁금한 점이 많아졌습니다.

"요즘 베트남이 엄청 인기가 좋아."

"아하, 베트남이 새롭게 뜨나 보네요. 유명 브랜드인데 베트남에서 만들었다고 적혀 있는 옷도 많이 봤어요."

"맞아. 하지만 베트남도 인건비, 땅값이 많이 올라서 공장들이 중남미로 이동 중이라고 해."

"중남미 여행도 하고 싶어요. 음식이 입맛에 맞으려나?"

"중남미에도 네가 좋아하는 음식점 브랜드들이 많이 들어와 있으니 걱정 안 해도 될 거야. 세계화 시대잖니."

'세계화'는 교통과 통신의 발달로 세계가 한 나라인 것처럼 서로 연결되어 가는 것을 말해요. '중국에서 만든 미국 아이폰으로, 일본 헤드셋을 쓰고 케이-팝을 듣는, 인도네시아에서 만든 프랑스 옷을 걸친, 스위스 여행 중인 이탈리아인이 인도 강사에게 요가를 배우는 장면', 이런 식으로 흔히 세계화를 그리기도 합니다.

유엔이나 여러 국제기구를 통해 정치적인 세계화가 퍼지고, 인터넷, SNS 등으로 민간 문화 교류 세계화가 퍼지고 있습니다. 그러나 무엇보다도 세계화는 경제적인 면이 가장 크다고 할 수 있어요.

대표적인 것이 다국적 기업이에요. 맥도날드, 코카콜라, 스타벅스, 애플, 나이키, 삼성전자, 현대자동차, 도요타, 소니, 네슬레 등 제조업부터 구글, 메타, 아마존 등의 IT 기업까지 여러 나라에 진출해서 사업하는 기업을 '다국적 기업'이라고 해요. 다국적 기업은 주

로 값싼 월급과 값싼 땅을 이용할 목적으로 여러 나라로 진출해요. 뿐만 아니라 여러 나라에 주식 투자 등 금융 진출로 세계화가 이뤄지기도 합니다.

세계 유명 회사가 들어오니 일자리도 생기고, 투자 자금도 들어와 경제가 활성화되는 장점이 있어요. 그러나 결국 기업은 이윤을 추구하기 때문에 개발도상국들의 낮은 환경 규제를 악용하여 환경오염 문제를 일으키기도 하고, 부도덕한 기업 경영으로 경제 질서를 어지럽히거나, 개발도상국의 돈이 유출되어 금융위기를 일으키는 단점도 큽니다.

세계화는 교통, 통신의 발달로 세계가 하나로 연결되는 장점도 있지만, 경제적으로는 자본력이 강한 기업들이 개발도상국으로 진출하는 것이기 때문에 착취가 일어나게 되는 문제가 있습니다.

자본주의

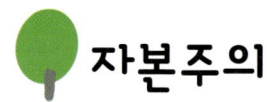
자본주의

벼리와 여리가 TV를 보면서 놀고 있어요. 아이돌 가수가 팬들을 향해 활짝 웃어 주자 팬들이 박수를 치며 환호했어요.

"와~, 저 자본주의의 미소 좀 봐."

"맞아. 저 영혼 없는 자본주의의 미소!"

벼리의 말에 여리가 맞장구쳤습니다.

"근데 대체 자본주의가 뭐지? 돈을 좋아하면 자본주의라고 하던데……."

벼리가 궁금해하자 듣고 있던 아빠가 나섭니다.

"'자본'이란 재물을 뜻하는데, 재물 중에서도 특히 무엇인가를 생산할 수 있는 공장이나 공장을 지을 수 있는 돈, 땅을 말하지. 돈 10억 원, 10억 원 들여 지은 사탕 공장, 10억 원어치 사탕이 있다면, 이 가운데 돈 10억과 10억짜리 사탕 공장을 자본이라고 해. 생산 수단을 자본으로 이해해도 좋단다. 이렇게 자본을 가진 사람을 '자본가'라고 해."

"그럼 자본이 없는 사람은요?"

"자본이 없는 사람은 '노동자'라 하고, 자본가들은 기업을 만들어 노동자를 고용해 상품을 생산한단다."

이렇게 생산 수단을 가지고 자유로운 경쟁을 통해서 이윤(돈)을 추구하는 경제 형태를 '자본주의'라고 부릅니다. 공장과 땅 같은 생산 수단을 갖고 이윤을 추구하여(=돈을 벌어) 자본(=생산에 투입되는 재산)을 축적해 나가는 것이지요.

자본주의는 인간의 무한한 욕망을 인정하고 과학기술의 발전에 힘입어 물질문명을 엄청나게 발전시킵니다. 굶거나 헐벗은 사람들은 크게 줄어들고, 자동차나 첨단 스마트폰도 누구나 사용할 수 있

빈부 격차 자본주의의 문제점 가운데 하나는 부자는 더욱 부자가 되고 가난한 사람은 더욱 가난해지는 구조 때문에 생기는 빈부 격차 문제예요. (사진·픽사베이)

는 수준이 되었어요. 물질이 풍요로워졌습니다. 따라서 같은 노동 시간에 생산력이 증가하여 기업의 이윤도 크게 증가했어요.

그러나 노동자들의 노동 시간은 줄어들지 않고 있어요. 노동자가 한 노동이 자본가에게 흘러가는 문제가 생깁니다. 자본주의에서도 노동을 중요하게 여기지만 가장 중요하게 생각하지는 않습니다. 여기서 자본주의가 사람보다 돈을 우선시하는 경향이 생기고, 다양한 문제가 발생하기도 합니다.

자본주의의 문제점으로 우선 빈부 격차를 들 수 있어요. 부자가 더욱 부자가 되는 구조 때문에 생기는 문제입니다. 또 환경문제도 있습니다. 자본이 우선시되다 보니 다른 문제들은 우선순위에서 밀리게 되어 생기는 일이지요. 이런 문제 때문에 자본주의에 반대하는 사회주의가 나타나기도 합니다.

정부는 자본주의의 문제를 해결하기 위해 법을 고치거나 사회복지제도를 도입하고, 사회주의의 방법을 적용하는 등 자본주의를 유지하기 위해 여러 노력을 기울이고 있습니다. 자본주의의 여러 문제점을 해결하기 위해 우리는 어떤 노력을 해야 할까요?

자유와 경쟁, 사회주의, 노동, 빈부 격차, 사회복지

사회주의

"그럼 우리나라는 자본주의 나라인 거죠?"

벼리의 말에 아빠가 고개를 끄덕였어요.

"맞아. 우리나라는 정치적으로는 민주주의, 경제적으로는 자본주의 나라야."

"민주주의의 반대가 독재, 자본주의의 반대가 사회주의 맞죠? 근데 사회주의, 공산주의는 대체 왜 자본주의를 반대하는 거예요?"

벼리는 궁금한 게 무척 많았어요.

자본주의의 문제점을 해결하고자 나온 것이 바로 '사회주의'예요. 자본주의는 생산 수단을 갖고 있는 자본가와 노동을 제공하는 노동자로 나뉘게 되는데, 노동자는 열심히 일하여 자본가의 부를 축적시키게 된다고 보았습니다. 한마디로 자본가는 생산 수단을 가지고 있다는 이유로 노동자들을 마음껏 착취할 수 있다는 것이에요. 사실 산업혁명 당시 유럽에는 어린이들까지도 10시간 이상 일하지만, 가난이 심해지는 일이 매우 흔했습니다. 이에 사회주의자들은 자본가들에게 착취를 그만둘 것을 요구했습니다. 하지만 '자유'로운 개인의 경제활동이 중요하다는 생각이 더 많아 노동자의 형편은 날로 어려워져갔어요.

이때 마르크스와 엥겔스라는 경제학자들이 등장합니다. 이들은 자본가가 어떻게 노동자를 착취하고 부를 축적하는지 과학적으로 밝히고, 새로운 세상을 이야기하게 되었습니다. 이를 과학적 사회주의라 하며, 흔히 '사회주의'라고 할 때는 마르크스의 생각을 가리킵니다. 이것이 마르크시즘, 곧 공산주의입니다.

공산주의자들은 자본가와 노동자가 적대적인 관계라고 합니다.

독일의 경제학자 마르크스(왼쪽)와 엥겔스(오른쪽) 마르크스와 엥겔스는 자본주의의 여러 문제점을 제시하고, 이를 해결할 방법으로 사회주의를 주장했어요. (사진·위키피디아)

착취하는 자와 착취당하는 자가 친할 리가 없지요. 따라서 숫자가 많은 노동자가 단결하여 상대적으로 수가 적은 자본가를 몰아내는 혁명을 하자고 합니다. 이른바 노동자 혁명이지요.

이를 통해서 부를 생산하는 생산 수단을 개인이 갖지 못하게 합니다. 그럼 자본가 계급이 생길 수 없습니다. 그리고 나서 능력에 따라 일하고 필요에 따라 생산물(물건, 음식 등)을 분배합니다. 이것을 많은 사람이 오해해서 사회주의는 사유재산이 없다, 평등만 강조한다, 자유가 없다는 식으로 비난하곤 합니다.

정리하면 사회주의는 부를 생산하는 생산 수단을 사회가 갖고, 생산된 부를 '민주적'으로 '능력에 따라 일하고, 필요에 따라 분배'하는 경제 시스템이라고 할 수 있습니다. 공산주의라는 말도 '공(共)'동으로 생'산(産)' 수단을 갖는 것이라고 이해하면 편리합니다.

이것을 어느 정도 실행한 나라가 옛 소련(지금의 러시아)이에요. 옛 소련은 1922년부터 1991년까지 유지되었습니다. 하지만 경제 정책의 실패 등 여러 가지 문제로 거대한 공산주의 실험은 실패로 돌아가고 말았어요. 그리고 북한도 공산주의, 사회주의를 내세웠지만, 역시 성공하지 못하고 있습니다.

\# 자본주의, 노동, 기업 민주주의

# 기업 민주주의

"아빠, 대통령이 나라의 주인이 아니라, 국민이 나라의 주인 맞죠? 그럼 회사도 그런가요?"

벼리는 갑자기 회사는 어떻게 운영되는지 궁금해졌습니다.

"하하하, 회사의 주인이 직원이면 얼마나 좋겠니? 하지만 회사를 처음 세우고, 투자자를 모집하고, 가장 많은 투자를 한 사장이 있겠지? 그 사람이 주인 같지 않겠어?"

"맞아요. 회사는 사장이 주인인 것 같아요. 하지만 회사에서 직원들도 책임을 갖고 일하는데 주인 의식을 갖고 경영에 참여할 수 있는 기업 민주주의는 없나요?"

민주주의는 국가의 주권이 국민에게 있고, 국민을 위하여 정치를 행하는 제도를 말합니다. 즉 국민, 시민 등 구성원이 주인이고, 그들의 의견은 모두 같은 힘을 갖습니다. 예를 들어 투표할 때 대통령도 한 표고, 첫 투표를 하는 고등학생도 똑같이 한 표를 행사합니다. 이것은 정치적으로 민주주의를 시행한다고 볼 수 있습니다.

친구들과 식당에서 메뉴를 정한다고 상상해 봅시다. 마라탕에 어떤 재료를 넣고 뺄 것인가 정하는 순간입니다. 친구들의 의견을 듣고 손들어 다수결로 정하면 민주적이라고 할 수 있겠습니다. 힘이 세거나 돈이 많은 친구가 두 손이나 세 손(?)을 들고 두세 표 추가하지는 않습니다. 어떤 한 명에게 두 표나 열 표를 준다면 그건 민주적이라고 할 수 없을 것입니다.

그런데 회사는 어떻게 의사를 결정할까요? 회사는 회사의 중요한 일을 결정할 때 주주들이 모여서 합니다. 회사에 투자한 금액만큼 결정할 권리를 갖습니다. 가장 많이 투자한 사람이 경영권을 갖기도 합니다. 얼핏 합리적으로 느껴집니다. 1억 투자한 사람보다 100억 원을 투자한 사람이 목소리가 더 큽니다. 기업을 대주주가 직접 경영하거나 전문경영인을 뽑아서 운영합니다.

그러나 기업에는 주주 말고도 매우 중요한 집단이 있습니다. 바로 노동자들입니다. 노동자들은 회사 의사 결정에 참여하지 못합니다. 제품을 만들기 위해 원료를 사 오고, 가공하고, 제품을 만들고, 포장해서 운반하여 판매하는 것까지 모든 일을 직원들이 합니다.

하지만 직원들(노동자)은 새로운 상품 개발과 고용, 해고, 자신의 월급 결정 등과 같은 회사의 경영에는 참여하지 못합니다. 취업 규칙에 따라 급여를 받고 시키는 대로 일하기로 되어 있기 때문입니다. 회사가 어려우면 월급을 깎이고, 정리해고를 당하는 등 노동자도 책임을 지게 됩니다. 사장 월급도 노동자에 비해 10~60배까지 더 많습니다. 큰 기업일수록 이런 경향은 심해집니다.

뭔가 이상합니다. 회사에 자본을 투자하면 막대한 이윤과 운영할 권리를 얻는데 노동을 하면 월급 외에 의사 결정권이 없다? 이래서 나온 생각이 기업에서 민주주의를 실천하자는 것이며, 노동자들도 경영에 동등한 자격으로 참여할 권리를 갖자는 주장입니다. 이러한 개념이 기업 민주주의입니다.

자본주의, 사회주의, 사회적 기업

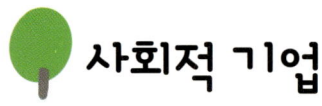# 사회적 기업

"아빠, 환경단체는 돈이 어디서 나서 운영할 수 있어요?"

TV에서 환경단체가 벌이는 환경운동에 대해 소개하는 프로그램을 보던 벼리가 문득 궁금해져서 아빠에게 물었어요.

"시민들의 자발적인 후원금과 약간의 정부 보조금으로 운영한단다."

"환경단체 스스로는 돈을 벌 수 없나 보네요?"

"응. 환경운동을 하면서 돈을 벌기란 쉽지 않겠지? 하지만 환경보호나 장애인 고용 등 사회적인 가치를 추구하면서 돈을 버는 기업이 없는 것은 아니지. 그런 기업들을 사회적 기업이라고 한단다."

"사회적 기업? 그게 뭐예요?"

'사회적 기업'은 이윤을 추구하는 기업이기는 하지만 이윤만 추구하는 것이 아니라 사회적으로 중요한 가치, 즉 공공성이 강한 가치도 함께 추구하는 기업을 말합니다. 사회적으로 중요한 가치는 친환경, 사회적 약자 배려, 소외 계층 배려, 장애인 배려 등이 있어요. 그래서 사회적 기업은 저소득층이나 장애인, 노인 등을 채용해서 기업을 운영합니다.

'위캔센터'라는 사회적 기업은 발달 장애인을 고용하여 쿠키를 만드는 회사입니다. 쿠키를 만들기 위해 장애인을 고용했다기보다는 발달 장애인을 채용하기 위해 쿠키를 굽는다고 보는 것이 더 정확해요. 당연히 대기업이나 일반 쿠키 회사에 비해 경쟁력은 부족하지요. 발달 장애인이 일을 하다 보니 아무래도 시간도 더 많이 걸리고, 생산비용도 높아서 가격도 높을 수밖에 없을 것입니다. 그러면 자본주의 세계에서는 회사 운영이 불가능합니다. 이에 정부가 도움

을 주어야 해요. 물론 공공기관에서 대량으로 쿠키를 구입하거나 공영 홈쇼핑 채널에 광고를 지원해 주고 있지만 많이 부족해요. 원래 정부가 추구해야 할 가치이기 때문입니다.

또 '코끼리공장'이라는 사회적 기업은 고장 난 장난감을 수거해 수리하고 소독한 후 취약계층 어린이들에게 기부하는 기업입니다. 폐

플라스틱을 활용해 새로운 물건을 만들어 내기도 하지요. 이런 기업은 환경도 보호하고 취약계층 어린이에게 장난감을 기부하는 사회적 가치를 실천하고 있습니다. 직원도 노인, 저소득층, 장애인을 고용하여 소외 계층을 배려하는 사회적 가치도 실천하고 있습니다.

사회적 기업에는 정부가 다양한 방법으로 부족하나마 지원을 하고 있어요. 본래 정부가 실현해야 할 가치이지만 현실적으로 정부의 힘이 모두 닿을 수는 없습니다. 이럴 때 사회적 기업이 나서서 국가로부터 지원을 받아 사회적인 문제 해결에 나서서 기업의 목표인 이윤도 추구하고 사회적 가치도 추구하면 두 마리의 토끼를 잡는 좋은 일이라 여겨집니다.

이 외에도 적은 금액의 출자금(투자금)을 모아 조합을 결성하는 협동조합이나 지역 주민들이 만들어 마을의 문제도 해결하고, 소득 올리고, 일자리를 만드는 마을기업도 사회적 기업과 함께 사회적 경제의 요소입니다.

자본주의, 사회주의

3부

노동이 존엄한 거라고?

 노동

"아! 엄마 가슴이 답답한 게 월요병이 다가오나 보다."

엄마는 주말이 끝나고 월요일이 다가올 때마다 마음이 무거워지나 봐요.

"엄마, 나 방학도 며칠 안 남았는데 내일은 회사 가지 말고 나랑 놀러 가면 안 돼요?"

"에휴, 엄마도 그러고 싶은데 일하러 가야지. 그 대신에 내일 저녁때 맛있는 거 먹자."

엄마는 오늘도 출근해서 노동을 하십니다.

노동이란 사람이 생활하는 데 필요한 것들을 얻기 위해 일하는 것이에요. 돈이 있어야 살림을 꾸려갈 수 있기 때문에 노동을 하고 그 대가로 임금을 받습니다. 사람들은 '월요병'이라는 말을 만들 만큼 노동을 피곤하게 생각하지만, 노동을 통해서 생활비를 마련하고 가족을 돌보고 취미나 여행 등 일 외에 다른 경험을 할 기회를 마련할 수도 있어요. 이렇게 보니 사실 노동은 참 소중한 것이네요.

'너는 꿈이 뭐야? 나중에 무슨 일을 하고 싶어?'
직업을 정하는 것이 '꿈'의 전부는 아니지만, 꿈과 직업을 연결해서 묻는다는 것은 사람의 삶에서 노동이 큰 자리를 차지한다는 뜻이에요. 어른이 되면 많은 시간을 노동하는 데 쓰는 만큼 어떤 직업을 갖고 무슨 일을 할 것인지를 결정하는 것은 자신의 삶에서 무척 중요한 부분입니다.

카센터 사장이 배가 아파서 병원에 가서 진료를 받고 나아졌어요. 저녁 무렵에 차의 엔진 소리가 이상하다고 카센터에 들른 손님은 오늘 갔던 병원의 의사였어요. 두 사람은 무척 반가워했죠. 이렇게 노동은 각자의 삶을 살아 내는 것인 동시에 다른 사람을 위한 것이기도 해요.

사람들은 노동을 통해 서로를 '돕고' 있지요. 혼자서 살아갈 수 있는 사람은 없기에 노동을 통해 협력하며 살고 있어요. 만약 오늘부터 환경미화원이 싹 사라진다면 어떤 일이 일어날까요? 가수가 한 명도 없다면요? 평소에는 잊고 살지만 다양한 노동을 통해 서로 많은 도움을 받고 있다는 것을 깨달았을 거예요. 그래서 '도둑질'이나 '사기'처럼 다른 사람을 해롭게 하는 일은 노동이라고 부르지 않고 범죄라고 합니다. 우리는 오늘 하루를 지내면서 어떤 노동의 도움을 받았는지 떠올려 볼까요?

자본주의, 임금, 파업, 노동조합, 그림자 노동

 임금

"벼리야, 오늘 저녁 설거지했으니까 용돈 오백 원 주마."

"아빠, 설거지 한 번에 천 원 주시면 안 돼요?"

"천 원? 그건 너무 많은데."

"엥, 용돈 빨리 모아서 굿즈 사려고 했는데."

"요즘 물가가 올라서 아빠, 엄마도 더 아껴 쓰려고 해. 오백 원으로 하자."

'부모님은 우리가 먹을 것, 옷, 필요한 물건에 전기요금까지, 정말 월급이 많이 필요하시겠구나.'

'월급'처럼 일을 하고 받는 돈을 '임금'이라고 해요. 임금은 직업의 종류나 다니는 회사 등 여러 기준에 따라 다르게 정해집니다.

만일 여러분이 설거지를 하고 용돈을 받는다면 얼마를 받고 싶나요? 아마 많을수록 좋겠지요. 이처럼 자신이 일한 대가로 임금을 받는 사람(노동자)은 최대한 많은 임금을 받고 싶어 할 것이고, 반대로 사람들에게 임금을 줘야 하는 기업(자본가)은 이윤을 생각해서 되도록 임금을 줄이고 싶어 할 것입니다. 양쪽의 생각이 서로 다르지요.

그래서 임금에 관한 중요한 법이 있어요. 노동자가 받아야 할 가장 낮은 수준의 임금을 법으로 정하고 기업에서 이보다 높은 임금을 주도록 한 것을 '최저임금' 제도'라고 해요. 2024년 기준 최저임금은 시간당 9,860원이고, 월급으로는 2,060,740원입니다. 이 법은 최소한 이 정도를 지급해야 한다는 뜻이지 이것만 주면 된다는 뜻이 아니에요.

하지만 최저임금으로 한 달을 지내기는 어려워요. 그래서 요즘에는 '생활임금'이라는 제도도 생겼어요. 생활임금은 각 지역의 노

동자들이 조금 더 여유로운 생활을 누릴 수 있도록 물가를 고려한 것으로, 2024년 광주 기준으로 시간당 12,760원이고, 월급으로는 2,666,840원입니다. 현재 생활임금은 공공기관에서만 적용하고 있는데, 최저임금이 너무 적기 때문에 생활임금으로 최저임금을 바꿔서 적용하자는 목소리가 있어요. 하지만 최저임금을 주장하는 사람들은 기업의 이익이 우선이라고 보기 때문에 좀 더 의논이 필요한 상황이에요.

　임금은 노동자가 살아가는 데 필요한 여러 가지를 마련할 수 있는 중요한 수단이기 때문에 임금을 결정할 때는 노동자와 기업이 충분한 의논을 통해 결정해야 합니다. 이때 노동자 혼자서 기업을 상대로 이야기하는 것은 쉽지 않기 때문에 노동자들은 모여서 노동조합을 만들고 함께 의논하게 됩니다.

#자본주의, 노동, 노동조합

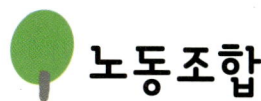 **노동조합**

"얘들아, 낼모레 어린이날인데 뭐 먹고 싶니? 내일 장 좀 봐야겠다."

엄마가 분명 어린이날에는 한턱 크게 내겠다고 했는데, 이상하네요.

"그날 놀이공원 갔다가 저녁에는 맛있는 거 배달시켜 먹는 거 아니에요?"

"그러려고 했는데 어린이날 배달노조가 파업을 해서 배달을 안 한다고 하네."

"배달노조? 배달노조가 뭐예요?"

"배달하는 노동자들이 만든 노동조합이라는 뜻이야. 배달 회사가 9년째 배달비를 안 올려 줘서 그날은 다 같이 배달하지 말자고 했대."

벼리는 어린이날만 기대했는데 실망이 이만저만이 아니에요.

'노동조합'은 자본가나 회사가 노동자에게 부당한 대우를 할 때 대응하기 위해 노동자끼리 뭉친 단체에요. 회사 안에서 노동조합을 만들 뿐만 아니라, 비슷한 직종끼리 뭉쳐서 보건의료노조, 건설노조, 금속노조, 공무원노조, 전교조, 알바노조 등 산업별 조직도 만들어요. 또 다 같이 모여 전국민주노동조합총연맹, 한국노동조합총연맹 등을 만들기도 해요. 노동자는 자본가나 회사에 비해 약하기 때문에 뭉쳐서 힘을 키우는 것인데, 이것을 어려운 말로 '연대'라고 해요.

노동조합은 대한민국 헌법 제33조에 따라 다음과 같이 보호받고 있어요.

① 근로자는 근로조건의 향상을 위하여 자주적인 단결권·단체교

섭권 및 단체행동권을 가진다.

② 공무원인 근로자는 법률이 정하는 자에 한하여 단결권·단체교섭권 및 단체행동권을 가진다.

'단결권'은 노동조합을 만들 수 있는 권리이며, '단체교섭권'은 노동조합이 회사와 협상을 할 수 있는 권리를 말해요. 이를 통해 임금 협상, 근무 여건 개선 협상 등으로 노동자의 권리를 보호하고 찾아오지요.

'단체행동권'은 노동조합이 회사에 대항하는 집단행동을 말합니다. 노동조합과 회사가 단체 교섭에서 합의하지 못하면 노동조합은 단체행동을 할 수 있어요.

단체행동의 종류로는 우선 현수막과 피켓을 들고 시위할 수 있습니다. 다음으로는 회사의 지시를 따르지 않고 거부하거나 업무를 매우 느리게 해서 회사를 압박하기도 해요. 그리고 가장 강력한 단체행동으로 파업이 있어요. '파업'은 일을 하지 않는 것으로 회사를 압박하는 것을 말해요.

회사는 노동조합의 단체행동이 있을 때 요구 조건을 들어 주기도 하지만, 반대로 단체행동에 대응하여 회사의 문을 닫고 임금을 주지 않거나, 파업에 따른 손해를 물어내라고 노동자를 압박하기도 해요.

회사가 노동자들에게 손해배상을 지나치게 청구해서 권리를 침해하는 경우도 있어 '노란봉투법'이 나왔어요. 노란봉투법이란 노동자의 단체행동에 대해 회사가 노동자들에게 과도한 손해배상청구를 할 수 없도록 하는 내용입니다. 2023년 11월 9일 국회 본회의를 통과하였으나, 대통령의 거부권 행사로 실시되지 못하였어요.

자본주의, 노동, 임금, 파업

 **파업**

"엄마 오늘 왜 이렇게 일찍 나가세요?"

엄마가 평소보다 이른 시간부터 출근을 서두르시네요.

"응, 오늘 버스 파업이라서 버스가 자주 오지 않을 것 같아서."

"뭐야. 엄마 출근하는데 힘들게. 버스 파업 나쁘다."

"하하하. 걱정해 주는 마음은 알겠는데 파업하는 이유가 있겠지."

헌법 제33조를 '노동 3권'이라고도 합니다. 이 중에서 '단체행동권'은 노동자들이 원하는 걸 직장에 알리기 위해 힘을 모아 행동할 수 있는 권리예요. 직장이라는 큰 조직 앞에서 노동자 한 사람의 힘은 약하기 때문에 단체로 움직일 권리를 보장하는 것이지요. 대표적으로 일을 하지 않고 멈추는 파업이 있습니다.

버스 기사 중에는 휴식 시간이 없어서 네다섯 시간 동안 화장실을 못 가기 때문에 물도 마실 수 없거나 하루에 16시간을 계속 운전해야 하는 경우도 있어요. 힘들게 일하는 것에 비해 월급이 너무 적기도 해요. 이런 문제들을 해결하고 좀 더 좋은 환경에서 일할 수 있도록 요구해도 회사가 받아들이지 않을 때 파업을 합니다. 파업으로 버스가 자주 다니지 않으면 시민들은 불편해요. 그래서 남에게 피해를 준다며 파업을 비난하기도 하지요. 그런데 파업이 없다면 사람들이 버스 기사들의 문제에 관심을 가질까요?

버스 기사, 승무원, 디자이너, 회사원 등 어떤 직업을 갖게 되든 우리는 자라서 노동자가 됩니다. 대부분의 사람이 노동자인데도 '파업은 나쁜 것'이라고 생각하는 사람이 많아요. 파업을 보도하는 뉴스나 기사에서 노동자들이 왜 파업하고 무엇이 힘든지를 알려 주

기보다는 파업으로 인한 시민들의 불편을 더 많이 보도해서 그럴지도 몰라요. 또 나와 다른 노동자의 어려움에 대해 생각하지 못해서일 수도 있어요.

 하지만 버스 기사들이 저렇게 힘든 환경에서 일하는 걸 알고 난 뒤에는 생각이 달라지겠지요? 파업 소식을 듣게 된다면 우리가 당장 겪는 불편함 아래에 오랜 시간 쌓여 온 누군가의 어려움이 무엇인지를 들어 봐요. 서로 다른 직업을 가진 노동자들이 관심을 갖고 이해하고 응원해 줄 수 있을 거에요.

부모님을 따라 영국에서 살다 온 벼리 친구 달이는 버스 파업 소식을 듣더니 영국에서는 선생님도 파업을 해서 그날 학교에 가지 않아 좋았다고 하네요.

노동, 노동조합

 휴가

"아빠, 여름방학 때 해외여행 가고 싶어요. 친구들은 벌써 다 가봤다고요."

벼리는 이번 여름방학 때는 꼭 해외로 휴가를 갔으면 하고 기대하고 있어요.

"해외까지 가기에는 아빠 휴가 기간이 너무 짧은데?"

"휴가가 며칠인데요?"

"아마도 1년에 21일?"

"그럼 여행 가기에 '완전' 충분한 것 같은데요?"

"법으로는 그런데 실제로 그걸 다 쓰기는 어렵지. 이번 여름휴가는 3일 정도 쓸 거야."

"아니, 법은 지키라고 있는 거 아니에요? 뭔가 이상해요."

근로기준법에 따르면 1년 이상 근무하면 15일의 유급휴가가 있고, 이후 2년마다 1일씩 늘어나 최대 25일의 유급휴가를 쓸 수 있어요. 하지만 우리나라 노동자는 15일의 유급휴가 중 평균 6일만 쓴답니다. 30~40일간의 휴가를 다 쓰는 나라들도 있는데, 우리나라는 비교적 짧은 15일의 휴가마저 다 쓰지 못하고 있어요. 법으로 정해져 있지만 사회적으로 적게 쉬고 많이 일하는 분위기 때문에 실제로는 쉬지 못하지요.

휴가는 일을 잠시 멈추고 휴식을 취하는 것이에요. 일하는 동안 쌓인 피로와 긴장을 풀면서 몸과 마음을 회복하며 행복을 느낍니다. 일과 휴식의 조화는 안전하고 건강한 삶을 위해 꼭 필요해요. 그런데 휴가가 짧고 그마저 다 사용하지 못한다는 것은 건강한 삶을 살기가 어렵다는 뜻이에요.

우리나라 노동자는 유럽의 노동자보다 한해에 평균 400시간을 더 일한다고 해요. 2011년까지는 OECD 국가 중에서 노동 시간이 가장 길었고, 2012년부터는 멕시코가 1위를 기록해서 한국은 2~4위에 오르고 있어요. 하루에 한 사람이 하는 일을 돈을 받는 일과 돈을 받지 않는 일(취미 활동 등), 가사노동으로 나눠서 숫자로 비교해 봤더니, OECD 30개국 평균은 2.9 대 1.3 대 1로 나타났어요.

우리나라는 어떨까요? 그 비율은 10.2 대 1.2 대 1입니다. 집안일을 1시간 한다면 직장에서 10시간을 보내고 취미 활동 등에 1시간 10분 정도를 쓰는 것이죠. 돈을 벌기 위해 긴 시간 일하느라 취미 활동처럼 돈과 관련 없는 일이나 집에서 가족과 보내는 일에 시간을 쓰지 못하고 있어요.

즐겁고 행복한 삶을 살기 위해 돈을 버는 것인데 돈을 벌기 위해 대부분의 시간을 사용하고 있다는 것은 무언가 앞뒤가 거꾸로 된 느낌 아닌가요?

노동, 노동조합

 비정규직

"여보, 오늘 애들 만나면 언제쯤 정규직으로 전환되냐, 이런 말 절대 하면 안 돼요."

명절날 큰아버지 댁에 가는 길에 차 안에서 아빠가 굳은 표정으로 엄마에게 말했어요.

"당연하죠. 걱정돼서 하는 말이라도 본인들은 얼마나 부담스럽겠어요. 안 그래도 비정규직이라고 많이 주눅 들어 있던데요."

"요즘은 정말 정규직 되기가 하늘의 별 따기래요."

벼리는 부모님의 대화를 듣고 궁금해졌어요.

'정규직이 뭐길래 그거 되기가 그렇게 어려운 걸까?'

'정규직'은 오랫동안 안정적으로 일할 수 있는 일자리예요. 승진도 할 수 있고, 경력이 쌓이면 임금이 높아집니다. 반대로 '비정규직'은 시간제 일자리, 일용직(하루 일자리), 계약직, 파견근로직 등의 일자리로 몇 시간, 하루, 몇 달, 1년 등 짧은 기간 동안 계약을 하고 일해요. 그래서 정해진 기간이 끝나면 또 새로운 일자리를 찾아야 하기 때문에 고용이 불안해요. 같은 곳에서 다시 계약을 하려면 좋은 평가를 받아야 해서 일하는 동안 부당한 일이 있어도 참고 견디는 경우가 많아요.

비정규직이라는 이유로 정규직과 같은 일을 하는데 임금을 더 낮게 받기도 해요. 복지 혜택이나 교육 기회도 없고, 승진도 할 수 없지요. 휴가나 병가 등 법으로 보장된 노동자의 권리를 보호받기 어렵고 노동조합을 만들기도 쉽지 않아요. 또 우리나라는 비정규직이 정규직으로 바뀌는 일이 드물어서 한번 비정규직이 되면 일자리를 바꿔 가며 계속 비정규직으로 일하는 경우가 많아요.

1997년 IMF 외환 위기 이후, 기업은 채용과 해고가 자유롭고 싼 임금으로 고용할 수 있는 비정규직을 늘려 왔어요. 그 결과 2022년 기준 비정규직은 전체 근로자의 38%로, 일하는 사람 10명 중 4명이 해당해요. 하지만 길게 볼 때, 비정규직 직원이 많으면 소속감이 줄어들고 직원이 성장하지 못해 일의 능률이 떨어져서 기업에도 좋지 않아요. 또 소득과 고용이 불안정한 비정규직 노동자가 늘어나면 소비가 줄어 물건이 팔리지 않아서 기업의 이익도 줄어듭니다.

좋은 일자리가 많을 때 사람들은 불안한 마음 없이 열심히 일하고 미래에 대한 희망을 품고 살아가게 됩니다. 그렇지 않은 사회는 침체하기 마련이지요. 한꺼번에 모든 일자리가 정규직으로 바뀔 수 없다고 하더라도 비정규직을 줄여 갈 수는 있어요. 기업은 이윤을 추구하는 곳이지만 사회가 활발하게 돌아가야 기업도 지속될 수 있으니까요.

자본주의, 세계화, 노동, 임금

시간제 노동(아르바이트)

"사장님, 확인해 보니까 알바 비 10시간 치가 덜 들어왔어요."

"인수인계 때문에 며칠 동안 한 시간씩 더한 건 뺐고, 케이크 흠 집 낸 것도 뺐어요."

"아니죠. 다음 사람 일 가르쳐 주라고 해서 한 시간씩 더 일하라고 하신 건 사장님이잖아요. 그리고 케이크는 상자에 넣다가 살짝 긁혔던 거고, 티도 나지 않아서 잘 팔아놓고 왜 제가 물어내야 하나요?"

사촌 언니가 통화하는 걸 옆에서 들은 벼리는 깜짝 놀랐어요.

'더 일했는데도 돈을 안 준다고? 손해 보지도 않은 케이크 값도 물어내라고? 그런데 언니가 조목조목 따지는 거 보니 진짜 똑똑하다!'

'알바'라는 단어는 시간제 노동을 뜻하는 아르바이트(사실 원래 아르바이트는 독일어로 '일'이라는 뜻이었으나 일본을 거치면서 의미가 변함)를 줄여 부르는 말이에요. 여기서는 시간제 노동이라고 쓰도록 할게요.

시간제 노동은 비정규직의 한 종류로, 직업을 갖기 전 임시로 일을 하거나 다른 직업이 있는 상태에서 잠깐 부업으로 일하는 것이에요. 그러다 보니 언제든 그만두거나 해고당하기 쉬운 고용 방식이라 법의 보호를 받지 못하는 경우가 많았지요. 그럼에도 요즘에는 정규직 취직이 어렵고, 비정규직은 차별도 심하고 노동 강도가 세다 보니 임금은 적지만 비교적 자유로운 시간제 노동(알바)을 선택하는 사람이 점점 늘어나고 있어요. 시간제 노동은 주로 청년들이 많이 하게 되는데, 청소년들도 점점 많이 하고 있어요.

청소년들은 사회 경험이 적어 시간제 노동을 할 때 부당한 대우를 받는 경우가 많아요. 시간제 노동자(알바생) 스스로 자신의 권리를 알고 사용자(사장, 자본가)가 부당한 지시를 내리는지도 잘 살펴봐야 해요. 사회적으로도 시간제 노동자의 권리를 존중하려는 노력이 필요합니다. 특히 청소년들은 헌법과 근로기준법에서 특별히 보호하고 있습니다.

노동, 임금

청소년 노동권리 안내서

1. 만 15세 이상만 취업 가능합니다.

2. 위험한 일이나 유해한 일은 할 수 없습니다.(카페, 호프집, 주점, 노래방 근무 안 돼요.)

3. 인권을 존중받아야 합니다.(강제 근로, 폭행, 성희롱, 괴롭힘 금지)

4. 근로 계약서 꼭 확인하고 받아 두세요.

5. 잘못했더라도 부당한 대우를 받을 수는 없습니다. 이런 것은 모두 무효입니다.

    1) 다음 근무자를 구하지 못하면 그만둘 수 없음

    2) 1개월 내에 그만두면 알바 비 안 줌

    3) 지각, 결근하면 벌금 등

6. 청소년은 하루 7시간 이상, 일주일에 35시간 이상 일할 수 없습니다.

7. 청소년도 일주일 개근하면 휴일에도 급여(알바 비)를 받을 수 있습니다.

8. 청소년도 한 달에 하루 유급휴가도 있습니다.

9. 청소년도 2024년도 기준 최저임금 시간당 9,860원입니다.

10. 청소년도 부당한 해고 금지입니다. 1년 이상 일하면 퇴직금도 받을 수 있습니다.

11. 청소년도 일하다 다치면 치료받을 수 있습니다.

(출처: 서울특별시 청소년 노동권리 안내서)

※ 청소년 여러분도 이러한 사실을 잘 알아 두어야 시간제 노동(알바)을 할 때 혹시 생길지 모를 부당한 대우에 대응할 수 있습니다.

# 산업재해

"어제 새벽 한 화력발전소에 젊은 노동자 한 명이 숨진 채 발견되었습니다. 석탄을 옮기는 컨베이어벨트 아래서 숨진 지 다섯 시간 만에 발견되었습니다. 2명 1조로 해야 하는 작업을 혼자서 하다가 참변을 당했습니다."

TV 뉴스에서 산업재해로 희생당한 한 청년 노동자의 소식을 전하고 있었어요. 뉴스를 보던 아빠가 침울한 표정을 지었어요.

"아빠, 너무 슬픈 소식이에요. 두 명이 함께 작업했으면 막을 수 있는 사고였다는데, 왜 저렇게 혼자 일을 시키는 건가요?"

"대부분 비용을 절감하기 위해 벌어지는 일이란다."

"정말 돈 때문에요?"

'산업재해'는 노동자가 노동 현장에서 근무하다가 죽거나 다치거나 직업 때문에 질병이 생기는 것을 말해요. 주로 물건을 만드는 공장이나 건물을 짓는 건설 현장, 광물을 캐는 지하에서 많이 발생합니다. 뉴스나 신문에 보도된 용광로 추락 사건, 화력발전소 끼임 사고, 반도체 회사 백혈병 사고, 지하철 스크린도어 사고, 제빵공장 끼임 사고, 특성화고 실습 학생 사망사고 등 너무 많은 목숨이 희생되고 있어요. 2020년에는 2,062명이 산업재해로 사망했습니다. 2021년에는 2,080명이, 2022년에는 2,223명의 아까운 생명을 산업재해로 잃었습니다. 부상자 수는 50배 정도 많은 10만 명 이상입니다.

이런 산업재해 사고는 대부분 안전 설비가 미흡하거나, 무리한 작업을 적은 인원이 빠르게 하려다가 발생합니다. 결국 안전에 대한 잘못된 생각과 이윤만을 생각하는 기업, 대책이 부족한 정부가 만들어 낸 참사입니다. 그리고 구조적인 문제도 있어요. 바로 원청과 하청의 문제입니다.

A 건설사가 건물을 짓는데 A 건설사(원청) 단독으로 모든 공사를 하는 것이 아닙니다. 그러려면 많은 직원을 뽑아야 하거든요. 그래서 부분적으로 일을 다른 회사에게 맡기는 경우가 많아요. 이렇게 부분적으로 일을 맡은 회사를 '하청업체'라고 합니다. A 건설사는 이윤을 추구하기 때문에 하청업체에게 일을 싼값에 맡기려고 합니다. 하청업체는 대부분 어렵게 회사를 운영하다 보니 싼값에 일을 받아 비용을 줄이기 위해 안간힘을 쓰게 되지요. 그런 과정에 안전에 관한 장비와 준비를 덜 하게 되고, 여기에서 반복적으로 사고가 나고 있습니다.

물론 사업자는 의무적으로 산업재해보상보험(산재보험, 사업자 100% 부담)에 가입하므로 피해에 대한 보상이 합법적으로 이루어지고는 있습니다. 그렇지만 반복되는 산업재해를 사고 후 보상으로 막을 수는 없어요.

반복되는 산업재해를 막기 위해 2022년부터 중대 재해가 발생하면 사업주나 경영책임자, 공무원 등을 엄하게 처벌하는 '중대재해처벌법'이 생겼습니다. 산업 현장에서 사망 등 사고가 발생하면 사업주는 10억 원 이하의 벌금이나 1년 이상의 징역형에 처할 수 있습니다.

이 법이 실행되고 나서 2023년에는 산업재해 사망자 수가 1만 명당 0.98명(2022년에는 1만 명당 1.1명)으로 약간 감소하고 있지만 아직 갈 길이 멉니다.

자본주의, 노동, 노동조합

 # 해고

'해고는 살인이다.'

벼리는 엄마랑 명동을 지나다가 한 호텔 앞에 천막을 치고 앉아 있는 사람들을 보았어요. 그 천막 한쪽에는 '해고는 살인이다'라는 문구가 적혀 있었어요.

"엄마, '해고'가 무슨 말이에요?"

"음, 해고는 노동자의 의지와 상관없이 일을 그만두게 하는 거란다. 보통 '정리해고'라고 하는데, 원래 정리해고는 고용주 마음대로 할 수 없는 거야".

천막에 앉아 있는 사람들을 바라보는 엄마의 얼굴이 착잡해 보였어요.

해고를 하기 위해서는 회사 운영에 얼마나 어려움이 많은지(노동자를 해고하지 않고서는 회사가 망할 정도), 또한 노동자를 해고하지 않으려고 회사가 노력했는지가 중요해요. 여기서 노력이란 임금 조정, 순환 근무 등을 통해 노동자를 해고하지 않고 회사를 운영할 수 있는 방법을 찾으려고 했는지를 말합니다. 또한 정리해고 이후에 3년 안에 같은 일을 하는 누군가를 채용하려고 한다면, 해고된 그 사람을 우선 채용해야 한다는 등의 내용이 법으로 정해져 있어요.

그런데 현실에서는 노동자와 상의 없이 일방적으로 해고를 통보하거나, 억지스러운 기준을 만들어 해고하기도 해요. 호텔에서 설거지하는 노동자에게 외국인이 드나드는 곳이라고 하여 '외국어 구사 능력'을 해고 기준으로 삼아 해고했던 일처럼요. 하루아침에 직장을 잃은 노동자는 월급이 사라져서 당장 먹고살 돈이 없게 됩니

다. 실업 수당이라고 하여 그동안 받던 월급의 60% 정도의 돈을 최대 270일까지 받을 수는 있어요. 그렇지만 최저임금(2024년 기준 시간당 9,860원)으로 빠듯하게 생활을 유지하던 사람이 60%만큼의 월급으로 생활하기란 쉽지 않아요.

고용주가 정리해고를 하기 위해 지켜야 하는 조건을 법으로 정한 이유는 정리해고를 쉽게 하지 않도록 하기 위해서예요. 어디를 가나 천막을 치고 농성하는 해고 노동자가 많은 이유는 절차와 규칙을 지키지 않고 정리해고를 했기 때문입니다. 고용과 해고는 곧 국민의 삶과 바로 연결된 중요한 일이기 때문에 정부가 할 일이 커요. 노동자에게 살인과도 같은 해고 없이 기업을 잘 운영하는지, 청년들에게 새로운 일자리를 줄 수 있을 만큼 건강하게 성장하는지 지켜보고 유도하며 돕는 것은 모두 정부의 역할이지요. 어떤 정부인지에 따라 우리의 인생도 달라집니다.

자본주의, 노동, 임금, 노동조합

# 학교 속 노동자

"아, 오늘 너무 학교 오기 싫었어."

"맨날 오기 싫겠지만, 왜?"

"우리 엄마, 아빠는 오늘 '근로자의 날'이라고 회사에 안 가셨거든."

"야 진짜 오기 싫었겠다. 우리는 아빠만 회사에 안 가시고, 엄마는 학교 속 노동자라고 안 쉬고 나가셨어. 근데 근로자의 날인가 뭔가 해서 쉰다던데 왜 학교는 안 쉬지?"

5월 1일 '근로자의 날'을 다른 말로 '노동절'이라고 해요. 노동자들이 더 나은 일터를 만들어 갈 수 있도록 전 세계 노동자들이 함께 힘을 모으고 생각하는 날이에요. 노동자란 자기의 노동을 제공하고 그 대가로 자본가에게 임금을 받는 사람을 말합니다. 그렇다면 학교에서 일하는 학교 속 노동자에는 어떤 사람들이 있을까요?

우선 다들 선생님부터 생각했을 거예요. 선생님들은 노동자일까요? 네, 맞습니다. 선생님들은 여러분을 가르치고 임금을 받습니다. 다른 점은 자본가에게 고용되지 않고 국가에 고용되어 세금으로 임금을 받아 공공의 일을 하는 공무원이에요.

다음으로 행정실 공무원들이 있어요. 학교가 돌아가는 데에 필요한 시설이나 예산(돈)을 관리해 줍니다. 만약 운동회와 같은 행사를 한다면 선생님들을 도와 학교에 돈이 얼마 남아있는지 얼마짜리 물건을 어디서 샀는지 관련 서류를 다뤄요. 그리고 선생님들과 함께 만국기도 설치하고 물건을 옮기고 정리하는 등 협력해서 일을 해요.

그리고 교육공무직이라고 불리는 노동자들도 있어요. 과학실과

실험 도구 관리, 도서실 관리, 학교 컴퓨터 관리, 급식실 관리 및 급식 조리 등 학생을 직접 가르치지는 않지만 학교 곳곳에서 필요한 일을 맡아 하시는 분들이 아주 많지요. 과학실 선생님, 사서 선생님, 컴퓨터 선생님, 급식실 조리사님 등을 떠올릴 수 있을 거에요. 또 교실이나 화장실을 청소해 주시는 청소 노동자들이 있어서 우리가 쾌적한 공간에서 지낼 수 있다는 것도 기억하면 좋겠어요.

그럼 마치 사장님처럼 보이는 교장 선생님도 노동자일까요? 딩동댕! 교장 선생님도 국민의 세금으로 월급을 받는 공무원이자 임금 노동자입니다.

이렇게 찬찬히 살펴보니 학교 안에 다양한 일을 하는 학교 속 노동자들이 참 많네요. 그런데 노동절에 왜 학교는 쉬지 않는 것일까요?

노동, 노동조합, 임금

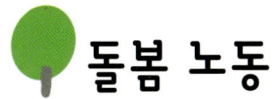 돌봄 노동

"누리야, 여기 봐, 여기!"

"으으으으, 으앙."

"왜 그래? 과자 줄까? 장난감?"

"으아앙."

이모가 6개월 된 사촌 동생을 데리고 벼리네 집에 오셨어요. 엄마는 아기를 보느라 손목이 아프다는 이모를 모시고 한의원에 가셨지요. 한 시간이면 된다기에 벼리는 동생을 잘 보고 있을 테니 걱정하지 말라고 큰소리를 쳤지만, 생각처럼 쉽지 않네요.

"아 정말 답답하다. 왜 우는지 알 수가 있어야지. 내가 울고 싶다."

벼리는 돌봄 노동을 하시는 분들이 새삼 존경스러웠어요.

유아나 어린이, 노인, 환자 등 스스로 자신을 돌보기 어려운 사람들을 돌보는 일을 '돌봄 노동'이라고 해요. 옛날에는 돌봄노동을 주로 가정에서 담당했지요. 남자가 밖에 나가 일하고 여자가 집안일을 하는 것이 당연했던 시절에 아이나 노인을 돌보는 일은 집안일과 함께 또 하나의 그림자 노동이었습니다.

시간이 흘러 여성도 사회에 나가 일하고 맞벌이를 하는 집이 늘어나면서 누군가를 돌보는 일도 임금을 받는 직업이 되었어요. 환자나 노인을 돌보는 요양사, 아이를 돌보는 어린이집 교사 등은 돌봄 노동과 관련된 대표적인 직업이에요.

돌봄 노동은 돌보는 사람들의 안녕을 돕는 일이에요. '안녕'은 아무 탈 없이 편안하다는 뜻으로, 아이, 환자, 노인 등이 편안하게 지낼 수 있도록 도와주지요. 이러한 돌봄 노동 덕분에 가족들이 안심

하고 밖에 나가 자기 일에 집중할 수 있게 되니, 돌봄노동은 사회적으로도 매우 중요한 몫을 하고 있어요.

그런데 돌봄 노동 노동자는 돌보는 상대의 건강과 안전에 신경 쓰느라 끊임없이 배려해야 하고, 돌봄 대상과 대화가 잘 통하지 않는 경우도 많아서 몸과 마음에 어려움을 느끼는 일이 많아요. 또한 오랫동안 돌봄 노동을 가족 안에서 맡아 왔기 때문에 돌봄 노동의 소중함과 특별함을 모르는 사람들도 있어요. 몇 해 전 TV 광고에 '아줌마 아닙니다. 요양보호사입니다'라는 말이 나왔는데, 돌봄 노동 노동자를 존중해 달라는 뜻이었지요.

다른 사람의 안녕을 도와주는 돌봄 노동 노동자들부터 먼저 '안녕'하기를, 그리고 지금 이 순간에도 집에서 땀 흘리며 가족을 돌보고 있는 그 누군가의 소중한 노동도 기억되기를 기대해 봅니다.

· 요양보호사에 대한 공익광고 유튜브 영상을 볼까요

\# 노동, 사회복지

플랫폼 노동(온라인 매개 노동)

"벼리야, 네 글씨로 좀 써 줄래?"

"뭐라고 써요?"

"배달 기사님 감사합니다. 음료수 좀 드세요. 이렇게 쓰면 될 것 같아."

벼리네 현관 앞 상자에는 벼리가 쓴 쪽지와 함께 비타민 음료수가 있어요. 더운 여름에 힘들게 택배나 음식을 배달해 주시는 기사님께 드리는 거라고요. 물 마실 시간도 없이 배달을 한다는데, 왜 그렇게 빨리 다녀야 하는지 벼리는 궁금했어요. 물 마실 때라도 잠깐 쉬면 안 되나요?

요즘에는 일자리를 구할 때 휴대전화 앱이나 인터넷 웹사이트 등을 통해서 신청하고 바로 몇 시간 뒤나 하루 뒤에 가서 일하는 일자리가 있어요. 배달 기사, 대리운전, 가사도우미 등 좀 알려진 일자리 외에도 웹툰 그리기, 번역, 디자인, 데이터 가공 등 다양해요. 이러한 일자리를 '플랫폼 노동(온라인 매개 노동)'이라고 합니다. 앱이나 인터넷을 통해서 얻는 일자리라는 뜻이에요.

이러한 일자리는 몇 시간, 며칠 등 잠깐씩만 일하고 일하는 장소도 자주 달라져요. '내일 서울 서쪽 우팡에서 배달할 사람 10명 모집함' 이렇게 뜨면 '클릭'을 눌러서 신청해요. 어때요? 쉽고 편리하게 일을 찾는 것처럼 보이지만 좋은 일자리일까요?

이전까지 일자리를 크게 정규직과 비정규직으로 나누었다면, 플랫폼 노동은 더 짧게 고용하기 때문에 비정규직이라 부르기도 어려운 정도입니다. 플랫폼 노동이 많아진다는 것은 비정규직보다 고용이 더 불안한 일자리가 늘어난다는 뜻이지요.

회사가 고용을 해 주는 것이 아니기 때문에 플랫폼 노동을 통해 일하는 사람은 개인사업자(쉽게 말하면 사장님)가 되어 회사 직원으로서 보호받거나 도움을 받을 수 있는 길이 없어요. 말이 좋아서 사장님이지 모든 것을 혼자 처리하고 책임져야 한다는 뜻이에요.

플랫폼은 연결만 해 주기 때문에 플랫폼 노동을 하는 사람들의 근무 환경을 돌보지 않습니다. 그래서 물 마실 시간, 화장실 갈 시간 등 기본적인 욕구를 참아 가며 오랜 시간 동안 일하게 되는 것이지요. 빠르게 도착하는 물건 뒤편에 이런 사정이 있었다니 오늘부터 택배가 조금은 다르게 느껴질 것 같은 마음이 드네요.

노동, 비정규직

# 그림자 노동

"와, 집안일이 뭐가 이렇게 많아?"

어버이날을 맞아 벼리의 담임 선생님께서는 '집안일 두 가지씩 골라서 하기'를 과제로 내주셨어요. 선생님이 적어 주신 집안일 목록을 보자 벼리는 입이 딱 벌어졌습니다.

"빨래하기, 빨래 널기, 빨래 개기, 겉옷과 속옷 분리해서 정리하기, 방 청소, 거실 청소, 화장실 청소, 걸레로 먼지 닦기, 장보기, 요리하기, 수저 놓기, 반찬 놓기, 수저 놓기, 식탁 치우기, 설거지, 행주 빨기, 그릇 정리, 일반 쓰레기 버리기, 음식 쓰레기 버리기, 분리

수거 하기, 물건 제자리에 놓기, 현관 신발 정리, 아이 돌보기……. 일이 정말 많네."

청소, 빨래, 설거지, 요리 정도만 생각했는데 자세하게 따져 보니 집안일이 여러 가지로 많았어요.

엄마는 따로 임금을 받는 것도 아닌데 어떻게 이 많은 집안일을 하는 걸까요? 엄마께서 "집안일은 해도 해도 끝이 없구나" 하고 말씀하실 때에는 별생각이 없었는데 놀랍기만 했어요. 선생님은 집안일 같은 노동이 바로 그림자 노동이라고 하셨어요.

누군가가 일은 했지만 그에 적절한 임금을 얻지 못하는 것을 '그림자 노동'이라고 합니다. 우리 집에 돈을 받고 집안일을 하러 누군가 오시는 경우를 제외하고, 많은 가정에서 집안일은 그림자 노동으로 이뤄지고 있어요. '그림자'라는 말에서 알 수 있듯이 임금을 못 받는 것뿐만 아니라, 아예 일로 인정받지 못하기도 해요. 집안일, 즉 '가사 노동'을 대표적인 그림자 노동이라고 하는데, 요즘에는 다양한 모습의 그림자 노동이 알게 모르게 늘어나고 있어요.

마트에서 소비자가 계산대를 이용해 직접 계산을 한다거나 식당에서 기계로 직접 주문을 하는 일 역시 그림자 노동에 포함되지요. 주유소에서 차에서 내려 직접 기름을 넣는 엄마나 아빠의 모습을 본 적도 있을 거예요. 기술의 발전으로 기계가 많은 일을 해 주는 것 같지만 가만히 살펴보면 예전에는 직원이 하던 일들을 소비자가 대신 하는 경우가 꽤 많아요. 편리해졌다고 생각하지만, 사실은 물건을 사면서 일을 하고 있는 셈이지요. 소비자의 그림자 노동으로 이익을 누리는 사람은 누구일까요?

우리 집을 다시 살펴봐요. 가족을 위해 묵묵히 그림자 노동을 감당하는 모습을 기억하고 감사하고 있는지, 작은 일이라도 내가 함께하고 있는지 찬찬히 생각해 봅니다.

\# 노동, 임금

 인공지능

 "아빠, 여기 상담원 연결이 안 되고 버튼식 인공지능(AI)으로 하라는데요."

 "아마 문자로 챗봇 링크 보내 줄걸."

 최근 한 은행은 인공지능 상담원을 도입하고 콜센터 상담원 240명을 해고하려고 했어요. 구글에서도 1만2,000여 명을 해고하고 인공지능으로 대체했는데 더 많은 사람을 해고하겠다고 밝혔지요. 인공지능은 이제 챗GPT와 같은 생성형 인공지능 기술로 매우 빠르게 발전하고 있어요. 자료 처리뿐만 아니라 새로운 내용을 만들고

문제를 해결해요. 그림 그리기나 소설 쓰기, 영화 제작 같은 예술적인 일까지 인공지능이 사람을 대신해서 일할 수 있는 분야는 계속 늘어나고 있어요.

이런 상황에서 사람들은 어떻게 해야 할까요? 먼저 인공지능을 잘 쓸 수 있어야 합니다. 인공지능이 한쪽에 치우쳐서 어떤 집단을 차별하고 공격적으로 표현하거나, 출처까지 조작해 가며 가짜 정보를 진짜처럼 꾸며내는 일이 종종 발견되거든요. 그래서 인공지능을 활용할 때 사람의 지혜와 양심으로 내용을 가려내는 것이 필요해요. 또한 인공지능이 흉내 낼 수 없는 인간만의 능력을 발휘하는 것이 중요하지요. 서로의 마음을 헤아리고 공감하며 설득하고 협력하면서 일하는 것은 인간 고유의 능력이에요.

인간이 노동하며 살아가는 데에 인공지능이 도움이 될 수 있을까요? 단순 반복하는 일, 오차 없이 계산하는 일, 대량의 정보를 빠르게 분석하는 일, 위험한 일들을 인공지능이 대신할 수 있어요. 그러면 노동 시간이 줄어들고 일터에서의 사고도 줄일 수 있지요.

또한 로봇세처럼 인공지능 세금을 내게 하자는 의견이 있어요. 인공지능은 오랜 세월 인간이 쌓아 온 지식을 공짜로 공부하며 발전하고 있으니까요. 그래서 인공지능으로 생긴 기업의 이익을 세금으로 걷어서 일자리를 잃은 사람의 생활을 돕고, 다른 일을 할 수 있는 교육을 받게 하자는 것입니다. 이익을 모두에게 기본소득으로 되돌려 주고, 줄어든 노동 시간 대신에 늘어난 여가를 풍요롭게 보내도록 하자는 의견도 있어요.

인류역사상 최악의 발명품 중 하나로 꼽히는 원자폭탄은 사실 제2차 세계대전이라는 전쟁을 끝내기 위해 개발한 것입니다. 과학자들은 엄청난 파괴력을 보고 개발한 것을 무척 후회했어요. 그러나 이미 개발된 무기를 다스릴 권한은 과학자들의 손을 떠났고 전 세계적으로 핵무기는 점점 늘어났습니다. 기술의 발전으로 인류가 행복한 삶을 누릴 수 있도록 인공지능 기술의 권한을 모두가 함께 갖는 방법은 없을까요?

노동, 로봇세와 기본소득제

 빈부 격차

"벼리야, 나 이번 어린이날 선물로 새 스마트폰 받을 거야."

"너 폰 바꾼 지 얼마 안 됐잖아. 그런데 또 바꿔?"

"요즘 반으로 접히는 게 유행이잖아. 너는 뭐 받을 거야?"

벼리는 기분이 울적해졌어요. 요즘 물가가 너무 올랐다며 걱정하시는 부모님께 선물을 사 달라고 조를 수는 없었거든요.

'이런 게 빈부 격차인가? 부모님은 열심히 일하시는데 왜 우리 집은 돈이 부족할까? 근사한 집에서 살고 뭐든 척척 사 주시는 달이네 집이 너무 부럽다.'

우리는 주변에서 부자인 사람, 평범한 사람, 가난한 사람 등 생활 모습의 차이를 볼 수 있어요. 이러한 차이를 '빈부 격차'라고 해요.

빈부 격차는 왜 생길까요? 일단 태어날 때부터 모두가 다른 환경에서 태어납니다. 돈이 많은 집에서 태어날 수도 있고 가난한 집에서 태어날 수도 있지요. 물려받은 재산이 많으면 그 자체로 부자인 데다가 더 좋은 교육을 받고 더 건강하게 자랄 수 있는 가능성도 많아요. 그래서 좋은 일자리를 얻게 되어 소득도 높아져요. 집이 가난해서 경제적으로 도움을 받지 못하면 여러 가지 기회를 놓치게 되고 좋은 일자리를 얻을 가능성도 낮아집니다. 그러면 소득도 낮아지지요. 부자는 더욱 부자가 되고 가난한 사람은 더욱 가난해진다는 뜻의 '빈익빈 부익부'라는 말도 있어요.

우리나라는 경제적 불평등이 심각해요. 2021년 기준으로 우리나라 전체 인구가 100명이라고 치면, 가장 잘사는 10명의 사람들은 평범하거나 가난한 50명의 사람들보다 재산이 52배가 더 많다고 해요. 가장 잘사는 10명이 사회 전체 재산의 60%를 차지하는데, 다른 50명의 재산을 모두 합쳐도 전체 재산의 6%가 안 된다고 해요.

빈부 격차가 심해지면 사회적으로 큰 문제가 됩니다. 돈이 많은 사람들은 더 많은 기회와 혜택을 누리고, 돈이 적은 사람들은 그렇지 않을 수 있기 때문이에요. 이런 사회는 불공평하고 모든 사람이 행복하게 살아갈 권리를 보장해 주지 못하게 됩니다. 그래서 정부에서는 빈부 격차를 줄이기 위해 노력하지요. 공평하게 교육 기회를 보장하거나, 저소득층에게 도움을 주는 복지 정책 등이 있습니다. 이러한 일들을 위해 세금을 걷어서 필요한 곳에 적절하게 사용해요.

세금, 사회복지, 공공성

 세금

"엄마, 우편함에서 제가 세금 고지서 가져왔어요. 저번에도 비슷한 거 있었던 것 같은데."

"어디 보자. 저번엔 자동차세, 이번엔 주민세구나. 세금 종류가 달라."

"세금은 집집마다 다 똑같이 내는 거예요?"

세금을 왜 내는지, 또 얼마나 내야 하는지 궁금해졌어요.

'세금'은 나라에서 국민에게 걷는 돈입니다. 한 나라를 꾸려가기

위해서는 많은 돈이 필요하기 때문에 법으로 정해서 세금을 걷어요.

　개인의 경우 일을 해서 임금을 받으면 내는 '소득세', 집이 있으면 내는 '재산세', 차를 가지고 있으면 내는 '자동차세', 그리고 각 가족의 대표가 내는 '주민세' 등이 있습니다. 기업의 경우에는 벌어들인 돈 중에서 일부를 세금으로 내는 '법인세', '부가세' 등이 있어요. 또 어린이들이 편의점에 가서 물건을 사면 물건값에도 세금이 포함되어 있답니다.

그런데 세금의 액수는 다 달라요. 수입이 많은 개인이나 기업은 세금을 좀 더 많이 내고, 수입이 적으면 좀 더 적게 내요. 앞서 살펴봤듯이 빈부 격차가 심한 사회에서는 돈이 많은 사람들만 더 많은 기회와 혜택을 누리고, 돈이 적은 사람들은 그렇지 못할 수 있기 때문에 세금을 수입에 따라 다르게 걷어서 빈부 격차를 조금이라도 줄이려고 해요.

나라에서는 이렇게 모은 세금을 어디에 쓸까요? 공공시설을 만들고 나라 살림을 꾸려 가는 데 사용해요. 학교를 짓고, 새로운 도로를 건설하고 공원을 만드는 일, 소방서, 경찰서 등을 운영하는 일 등 다양한 분야에 세금을 씁니다. 돈이 많건 적건 모두가 공평하게 교육받게 하고, 안전하고 평화롭게 살 수 있도록 하는 것이지요. 또 돈이 너무 없어서 생활이 힘든 저소득층에게 도움을 주기도 해요.

스웨덴처럼 우리나라보다 세금을 훨씬 더 많이 내는 나라도 있어요. 이런 나라는 세금을 많이 내는 대신 교육비, 병원비가 무료이고, 노인이 되었을 때 국가가 돌봐주는 등의 복지제도가 잘 되어 있어요. 내가 낸 세금이 꼭 필요한 곳에 쓰이고, 돈이 많은 사람도 적은 사람도 함께 혜택을 받으며 행복할 수 있다는 믿음이 있어서 가능한 일이에요.

정부와 지방자치단체, 국회의원들은 소중하고 한정된 세금을 어디에 얼마만큼 쓸 것인지 의논하고 결정하게 되니 세금은 정치와도 떼려야 뗄 수 없는 관계이기도 합니다.

빈부 격차, 사회복지

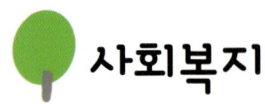 ## 사회복지

"애들아, 구강검진 이번 주에 끝나니까 안 한 사람은 이번 주말에 꼭 치과에 가거라."

"선생님, 치과 가서 돈 내야 해요?"

"야, 저번에 안 내도 된다고 하셨잖아. 뭐 들었냐?"

"왜 병원 갔는데 돈을 안 내요?"

"나라에서 사회복지로 너희들 대신 돈을 내주는 거야. 학교에서 교과서를 주는 것처럼 말이야."

벼리와 친구들이 구강검진을 받게 하고 나라에서 병원비를 내는 것이나, 수업에 필요한 물품을 학교에서 주는 것 등은 사회복지라고 할 수 있어요.

복지는 넓은 의미로 사람이 살아가는 데 필요한 건강, 환경 등이 모두 갖추어져 행복하게 사는 것을 뜻해요. 그중 정부에서 하는 사회복지를 보면 크게 사회 보험, 공공부조, 사회 서비스로 나눌 수 있어요.

첫째, '사회 보험'은 국민에게 생길 수 있는 위험을 생각해서 보험으로 국민의 건강과 소득을 보장하는 제도예요. 나이가 들면 일을 할 수 없게 되는데, 국민연금을 통해 매달 돈을 받을 수 있어요. 또 아프면 병원비가 많이 나오는데 국민건강보험으로 치료비 부담을 덜어 주지요. 그리고 직장을 도중에 그만두면 고용 보험을 통해 한동안 생활비를 지급합니다. 이렇게 국민으로부터 미리 조금씩 모은 보험료를 가지고 필요한 국민에게 주는 것을 사회 보험이라고 합니다.

둘째, '공공부조'는 어려운 사람을 도와주는 제도예요. 사회 보험

은 보험료를 미리 내고 일이 생기면 돈을 받는 거예요. 하지만 공공부조는 수입이 없거나 생활이 어려운 사람들이 최소한의 인간다운 생활을 할 수 있게 도와줍니다. 생활 보호, 의료 보호, 재난 구호 등이 있어요.

셋째, '사회 서비스'는 도움이 필요한 모든 국민에게 보건의료, 문화, 주거, 고용, 환경 등 인간다운 생활을 할 수 있도록 지원하는 제도예요. 이는 생활이 어려운 사람뿐만 아니라 골고루 혜택을 누릴 수 있도록 하는 복지 서비스이지요. 어린이 돌봄, 운동 시설 설치, 일자리 안내, 상담 지원 등이 있어요.

사회복지 제도는 국가의 책임으로 모든 국민은 다양한 복지 서비스를 누릴 권리가 있어요. 여기에 드는 비용은 세금으로 모아요. 교육, 교통, 의료, 건강 등 공공성이 강한 부분은 복지 예산을 늘려 더 많은 사람이 더 많은 혜택을 누리면 좋겠지요?

#공공성, 빈부 격차, 돌봄 노동

로봇세와 기본소득제

"이렇게 인공지능 로봇이 사람 대신 모든 일을 하게 되는 날이 오면 우리는 무슨 일을 해야 하지?"

벼리는 친구들과 모둠 발표 숙제를 하기 위해 집 근처 무인 카페에 갔어요. 음료를 고르고 카드로 결제하니 종이컵이 자동으로 나오고, 음료가 나오는 곳에 종이컵을 갖다 대니 신기하게도 아이스티가 얼음과 함께 나왔습니다. 가게 안에는 로봇이 일을 하고 있다고 써 있었습니다.

"글쎄, 우리는 띵가띵가 놀고먹으면 되는 거 아냐?"

"일을 해야 돈을 벌 수 있는데 인공지능 로봇이 사람이 하는 일을 다 하면 우리가 할 일이 없잖아."

"그렇네. 그러면 인공지능 로봇이 사람 일을 다 대신하게 되면 로봇이 생산한 상품은 누가 소비하는 거지?"

2016년 스위스 다보스에서 경제를 고민하는 사람들이 모여 인공지능과 로봇으로 인해 많은 일자리가 사라질 것을 걱정하였어요. 그래서 사람들이 생각해낸 것이 바로 '로봇세'와 '기본소득제'입니다. 경제활동을 통해 사람들이 번 돈을 써야 경제가 유지되는데 인공지능 로봇이 사람들이 하는 일을 대신하게 되면 '소득'이 사라지게 됩니다. 그러면 상품을 써 줄 사람이 없게 되고 로봇도 할 일이 없게 됩니다. 그러면 경제 체제 자체가 무너지게 되겠죠? 경제 체제가 무너진다는 것은 당장 먹고사는 일에 문제가 생긴다는 것입니다.

로봇이 일을 대신하고 벌어들이는 수입에 대해서 세금을 매기자는 것이 '로봇세'입니다. 이 세금으로 일하지 않는 사람한테까지 기본적인 생활이 가능하도록 나눠준다는 생각이 '기본소득제'이지요.

기본소득제에 대한 찬반 의견이 아주 팽팽합니다. 모든 사람이 인간다운 삶을 살기 위해 최소한의 소득을 줘야 한다며 찬성하는 사람이 있어요. 반면에 일을 하지 않은 사람에게 돈을 주게 되면 게을러지게 되고, 아무도 일하기 위해 직업을 찾지 않게 되어 경제가 무너진다는 주장이에요.

핀란드와 스위스에서 이 법안을 통과시키려고 했지만 실패했어요. 여러분은 어떻게 생각하나요?

인공지능, 사회복지, 공공성

 # 공공성

"길이 너무 막혀서 답답해요. 저는 돈을 많이 벌어서 내 전용 도로를……."

벼리네 가족은 주말에 즐겁게 여행을 떠났습니다. 그런데 도로가 막혀서 답답해지기 시작했어요.

"그건 좋은 생각이 아니야. 도로는 권력이나 돈이 있다고 독점할 수 없단다. 도로나 공항 같은 것은 공공재라고 해서 다 같이 쓰는 공동 재산이거든. 또, 바로 공동으로 사용해야 하는 그 성질을 '공공성'이라고 한단다. '공공재'는 공공성이 강한 재산이지."

"그럼 나만 쓸 수 있는, 공공성이 없는 스마트폰은 뭐라고 해요?"

자유재, 경제재, 공공재란 어떤 물건을 쓰거나 서비스를 이용할 때 무료로 쓸 수 있는지, 돈을 내고 사야 하는지, 나 혼자 독점하여 사용할 수 있는지 등, 같이 공평하게 사용해야 하는지에 따라 구별하는 개념이에요.

'자유재'란 햇빛, 공기, 물 같이 자연에서 누구나 공짜로 쓸 수 있는 것을 말합니다. 따라서 누구의 소유도 아니고 우리 모두의 소유이기도 하지요. 양이 무한에 가깝고 혼자서만 가질 수는 없어요.

'경제재'란 경제활동을 통해서 대가를 지불하고 얻을 수 있는 물건이나 서비스를 말해요. 쉽게 말해 돈을 내고 살 수 있는 물건과 서비스입니다. 양이 정해져 있고, 내가 돈을 낸 만큼 가질 수 있어요.

'공공재'란 모두가 소유하는 물건과 서비스를 말합니다. 주로 정부에서 공급하며 거래할 수 없고 가격이 없어요. 국방, 경찰, 소방, 공원, 도로, 학교, 상하수도 시설, 전기 통신 시설 등이 여기에 속

해요.

공교육은 공공재입니다. 당연히 공공성이 기본이지요. 만약 어떤 재벌이 자기 자녀가 다니는 학교에만 에스컬레이터를 놓고, 특별한 급식을 공급하고, 시설을 최첨단으로 만드는 것이 가능할까요? 그렇지 않습니다. 학교는 최대로 공평하게 만들어야 하는 '공공성'이 있습니다. 그래서 오직 세금으로만 운영해야 바람직해요.

공공성이 강한 또 다른 경제재에는 의료 서비스가 있습니다. 따라서 의료는 국가가 관리하고 통제하기도 합니다.

여러분이 생각할 때 공공성이 필요한 것은 또 무엇이 있나요?

세금, 빈부 격차, 사회복지

| 글쓴이 |

박철만
초등학교에서 아이들을 가르치는 교사예요. 대학교에서 초등교육과 국어교육을 공부하고, 대학원에서 환경생태를 공부했습니다. 그동안 함께 쓴 책으로는 《초등 필수 개념어 참·뜻·말》, 《산에 들에 피어요, 꽃》, 《반딧불이 환경만화》, 《지켜야 할 아름다운 지구》 등이 있어요.

이지연
어린이들이 나보다 더 행복한 삶을 살아갈 수 있는 세상이기를, 그리고 그 속에서 어린이들이 나보다 더 좋은 어른이 되어 주기를 꿈꾸며 초등학교에서 어린이들과 하루하루 살아가고 있습니다. 어린이들과 사회에서 일어나는 일들을 같이 이야기하는 것에 관심이 많아요. 몇몇 선생님들과 함께 《초등 필수 개념어 참·뜻·말》, 《주제통합수업》 등을 썼습니다.

정용윤
서울금나래초에서 학생들을 가르치고 있어요. 어린이의 발달에 관심이 많아 비고츠키 공부모임에서 여전히 공부하고 있습니다. 빈 그릇 운동, 자전거로 살기, 채식하기, 기타 치며 노래하기, 투수 해보기, 나무 깎기 등 몸으로 겪어 보는 일을 좋아합니다. 함께 쓴 책으로는 《초등 필수 개념어 참·뜻·말》, 《애들아, 인권공부하자》, 《비고츠키의 발달교육이란 무엇인가?》 등이 있어요.

| 그린이 |

정은주
그림을 그리고 글을 씁니다. 어렸을 때 코스그로브 홀 필름스(Cosgrove Hall Films)에서 만든 인형 애니메이션 동화를 보고 그림책 작가를 꿈꾸게 되었어요. 미국 시카고 컬럼비아 미술대학(CCAC)에서 일러스트레이션을 공부했고, 한국 안데르센 창작그림책 공모전에서 《마술피리》로 가작 당선되어 그림 작가의 길을 걷고 있습니다. 그림을 그린 책으로 《초등 필수 개념어 참·뜻·말-어랏! 생각이 자라네》, 《책방을 떠날 거야》 등이 있습니다.